Weinen · Wüten · Lachen

Der Autor

Nach dem Studium der Germanistik und Philosophie war Klaus E. Jopp als PR- und Marketingberater für führende Unternehmen, Institutionen und als Coach für Vorstände der deutschen Wirtschaftselite tätig. Seine berufliche Karriere führte ihn in die Welt der Strategien um Wettbewerbsvorteile und die Gestaltung wirtschaftlicher Prozesse.

Der vorliegende Titel »Weinen, wüten, lachen« dagegen ist eine Geschichte über die Ohnmacht des Menschen in einer unlösbaren Situation, verursacht durch einen nach wie vor unbesiegbaren Feind. Ein Memoire über eine Reise an die Grenzen des Lebens und Machbaren. Aber auch ein Dokument über das einsame Ringen des Menschen um Sinnerkenntnisse im Sinnlosen und Neuorientierung des eigenen Lebens nach der Krise.

Der Autor ist Geschäftsführer in einer PR- und Werbeagentur und als Buchautor tätig. Er lebt in der Nähe von München.

KLAUS E. JOPP

Weinen · Wüten · Lachen

Wie ich Abschied und Trauer erlebte

Bibliografische Information der Deutschen Nationalbibliothek
Die Deutsche Nationalbibliothek verzeichnet diese Publikation in der Deutschen Nationalbibliografie; detaillierte bibliografische Daten sind im Internet über http://dnb.dnb.de abrufbar.

TWENTYSIX – der Self-Publishing-Verlag
Eine Kooperation zwischen der Verlagsgruppe Random House und
BoD – Books on Demand

© 2018 Klaus E. Jopp
Satz, Umschlaggestaltung, Herstellung und Verlag:
BoD – Books on Demand, Norderstedt
Covergrafik: Magenta10/ Drawlab19/ Shutterstock.com
ISBN 978-3-7407-5146-3

Inhalt

Einleitung 11
Das Leben ist eine Reise
Stornierung leider nicht möglich
Resistent gegen Weichspüler 13

Kapitel eins 17
Begegnung mit dem Kriegsgott der Evolution
Natürliche Zerstörungswut
Abgesoffen im Informationslabyrinth 19
Besiegt von der eigenen DNS 21

Kapitel zwei 23
Stephen King lässt grüßen
Das hässliche Gesicht der Krankheit
Irrfahrten im Kopf 24
Schizophrene Natur 29
Gott keine Wunderwunschmaschine 31

Kapitel drei 34
Von wegen Männer zeigen keine Gefühle
Sie leidet, ich weine
Wut auf die sanfte Medizin 37
Gnadenloser Hausbesetzer 46
Abschied von einer wunderbaren Frau 55

Kapitel vier 65
Dem Leben in die Fresse hauen
Wenn es scheiße läuft, dann aber richtig
Zorn auf Gott und die Welt 67
Das Rumpelstilzchen-Syndrom 74

Horrorzeiten mit kleinen Lichtblicken	76
Schau nach vorn! Gut, und was dann?	83
Die Zeit heilt alle Wunden?	
Nein, Erinnerungen tun es	88
Mehr durchhangeln als kämpfen	92

Kapitel fünf   96
   Wiederbelebungsversuche an mir selbst

Her mit dem Presslufthammer	
Trauerarbeit ist sehr schmerzhaft	101
Habe ich einen an der Waffel?	108
Gut, leb ich eben weiter	112
Nachlass ordnen oder ein Leben abwickeln?	118
Die Gretchenfrage an mich selbst	122
Männer, Pussies, Religion	132

Kapitel sechs   135
   Die Reise geht weiter
   Ab jetzt allein

Wer bin ich? Witwer oder Single?	
Mein Therapeut Monaco Franze	139
Let it rock – Lebensader Musik	141

Kapitel sieben   145
   Kapier einer das Leben – Chaos, Glück, Zufall

Denkformeln und nicht lineare Phänomene	
Zufall als Genie und Wahnsinn	148
Das Leben hat keinen Plan	151
Die launische Göttin Fortuna	155
Die Hoffnung stirbt zuletzt. So ist es	164

Anhang	167
Nachgetragene Liebe.	
Recherche zu neuesten Diagnose-	
und Therapieverfahren	
Präzisionsmedizin – die Waffe gegen Killerzellen	
Schonende Verfahren in der Krebstherapie	175
Genexpressionstests –	
Chemo auf dem Prüfstand	176
Viel Humbug: alternative Medizin	179
Erkenntnisse der modernen Trauerforschung	
»Trauere bloß nicht zu lange!«	183
Trauer kennt keine Standards	185
Die Trauergruppe	188
Weiterführende Informationen	190
Quellennachweise	191

»Darum muss man sich durchringen zur Freiheit; diese aber erlangt man nur durch Gleichgültigkeit gegenüber dem Schicksal.«

Seneca, Vom glücklichen Leben

»Ich fürchte nichts so sehr wie nichts.«

Das Zero-Theorem

Einleitung

Das Leben ist eine Reise

Stornierung leider nicht möglich

»Das Leben ist eine Reise, nimm nicht zu viel Gepäck mit«, singt Billy Idol. Eine schöne Untermalung für ein klassisches Roadmovie! Oder eine Rock-'n'-Roll-Story. Doch wehe, wenn die Reise zu einer Odyssee wird, die uns im Ungewissen lässt. Wohin sie uns führt, welche Herausforderungen uns erwarten und ob wir unversehrt zurückkehren werden. Eine Reise, auf der nur noch Platz für ein einziges Gepäckstück ist: dich selbst.

An einem wunderschönen Sommertag drückte das Schicksal meiner Frau überraschend, unangekündigt und ungefragt ein Ticket in die Hand – für eine Reise, deren Route zwischen Leben und Tod entlangführen sollte. Ausgehändigt von einer Ärztin, die das erste Etappenziel ohne große Umschweife nannte: die onkologische Station. Der Grund des Ziels: Brustkrebs. Eile sei geboten, eine Umbuchung sei aus ihrer Sicht leider nicht möglich.

An diesem Tag begann der Höllentrip. Eine jahrelange Reise durch Praxen, Kliniken, den Irrgarten ärztlicher Meinungen und Therapien, durch Landschaften trügerischer und berechtigter Hoffnungen und absurde emotionale Welten. Bis an ein Ziel, das die Liebe meines Lebens unter 5,8 Kubikmeter Erde begrub. Auf dem Gemeindefriedhof.

Ich habe meine Frau auf dieser Lebensreise verloren. Durch ein Killerkommando fresssüchtiger Zellen, die sich erbarmungslos in unser Familien- und Liebesleben drängten. Wir hatten alles versucht, diese Reise zu stornieren. Vergeblich!

Dieses Buch ist mein Reisebericht. Eine Wutlektüre und Abrechnung mit Schicksalsmächten, alternativen Ideologen und medizinischen Quacksalbern; aber auch ein Dokument der nachgetragenen Liebe an meine verlorene Liebe. Und es ist ein Logbuch für alle jene tapferen Frauen und Männer, die sich auf einer ähnlichen Reise befinden. Mut-machend und angereichert mit Recherchen zu neuesten Ansätzen in der Krebs- und Pharmakotherapie, zu genombasierter Medizin, schonenden Verfahren und Trauerforschung.

Die Krebserkrankung hat uns auf eine strapaziöse Seelenreise geschickt. Der Leser nimmt daran teil. Am Kampf ums Überleben, dem Annehmen des Unausweichlichen, dem Abschiednehmen, der Verzweiflung und dem Trauern, der Bewältigung und dem Verarbeiten. Einblicke in ein über zehn Jahre dauerndes Unterwegssein entlang seelischer, mentaler und emotionaler Abgründe.

Dieser Reisebericht ist eine Offenlegung über Verzweiflung, Ohnmacht und Ängste. Er handelt von Wut, Zorn und Unverständnis. Wie über den Diebstahl weiblicher Merkmale, die Brüste meiner Frau, die Zerstörungslust durchgeknallter Zellen, über Magier- und Heilsversprechen der alternativen Therapie. Doch er sucht auch Antworten. Warum die Himmels AG uns auf solche Horrorreisen schickt und sich in Schweigen hüllt. Und warum im Labyrinth der medizinischen Informationen keine vernünftigen Wegweiser aufgestellt sind, die einen vor falschen Ausfahrten warnen. So haben wir einige Hinweisschilder übersehen, die ich erst im Nachhinein entdeckte. Nach dem Tod meiner Frau. Da war es leider schon zu spät, die Richtung zu ändern.

Resistent gegen Weichspüler

Machen wir uns nichts vor. Das Leben ist ein ziemlich harter Ritt. Es ist die Ausnahme, wenn uns das Glück lacht, wir Erfolg haben oder im Geld schwimmen. Wer die Ausnahme zur Regel machen will, der liest Erfolgsbücher, besucht Managementseminare oder macht ein Persönlichkeitstraining. Auch das Glück fällt uns nicht in den Schoß. Jedenfalls nicht allen. Es lässt sich kaum erzwingen oder halten, genauso wenig wie Erfolg und Besitz. Mit den Lehrstücken des launenhaften Lebens, das die Freuden des Daseins ungleich und sehr eigenwillig verteilt, durfte ich des Öfteren Bekanntschaft machen. Aber auch Freunde, Kunden und Menschen, mit denen ich über meine Lehr- und Beratungstätigkeit ins Gespräch kam. Jeder konnte eine oder mehrere Geschichten über das »harte Leben« erzählen, über Stolpersteine und Blutgrätschen. Sei es, dass etwas Unvorhergesehenes passiert oder ein Schicksalsschlag ihre Ziele und Hoffnungen zunichtemacht. Oder wie der hart erkämpfte Erfolg plötzlich floppte. Ich verhielt mich in der Regel zurückhaltend gegenüber dem Leben. Nicht, weil ich ein Pessimist wäre. Eher, weil ich es als ein Kuriositätenkabinett empfand. Kurz gesagt, mit seiner Launenhaftigkeit konnte ich mich einfach nicht arrangieren. Vor allen nicht mit seinen zynischen Überraschungen, die es für einen bereithalten kann. Dumme Zufälle oder biologisches Pech wie eine Krebsdiagnose, die unsere Pläne von jetzt auf gleich pulverisieren. In solchen Augenblicken erteilt uns das Leben eine schmerzhafte Lektion der Ohnmacht. Was tun wir dann? Dagegen rebellieren und uns wund kämpfen? Oder zürnen und wüten? Oder resignieren und in Trübsal verfallen? Sind uns die Zügel aus der Hand genommen und Fluchtwege versperrt, steckt man bis zum Hals in einer unlösbaren Situation. Ob beruflich oder privat, diese Erfahrungen tun weh, sie verletzen uns. Sie können unser gesamtes Lebens- und Sinnkonzept mit einem Schlag in die Bedeutungslosigkeit stoßen.

»Das Leben ist hart«, heißt es in den Initiationsriten. Mit dieser Ankündigung bereiten in bestimmten Kulturen Männer die nachfolgende Generation auf das Erwachsenwerden vor. Der Initiationsritus kann mit einer schmerzhaften Prozedur verbunden sein oder in einer zu bewältigenden Prüfung bestehen wie dem Fangen einer Meeresschildkröte, was Geschick, Ausdauer und Kraft fordert. Initiationsriten sind in westlichen Kulturen von der Bildfläche verschwunden. Auf die Härte des Lebens werden wir weder mental noch psychisch eingestimmt, sondern mit ihr konfrontiert. Auch können wir uns heute nicht mehr an Vorbildern oder Identifikationsfiguren für Mann-Sein und Frau-Sein orientieren. Grenzwertige Situationen sind Bewährungsproben. Wir bestehen sie oder wir scheitern. Eine »Krankheit zum Tode« ist eine dieser Situationen. Steht das Leben des Partners oder der Partnerin auf Messers Schneide, ist man weitgehend entmachtet. Es gibt kein Konzept dafür, wie man den Schock der Diagnose bewältigt, wie man mit den wahnsinnigen Emotionen am besten umgeht, die alle in der Familie überfallen, wie man die jammervolle Zeit übersteht, wenn es langsam zu Ende geht. Es gibt auch keine Anleitung oder Vorbereitung, wie man den Sterbeprozess der Partnerin begleiten und mit dem endgültigen Abschied klarkommen kann. Auf all das war ich nicht vorbereitet, ich wurde hineingeworfen, kämpfte mich durch, handelte oftmals intuitiv und voller Verzweiflung. Ich wusste zu wenig über das Trauern und in dieser Art der Schmerzbewältigung hatte ich kaum Erfahrung, abgesehen vom Abschied von den Eltern. Der Tod der eigenen Frau ist etwas anderes. Diese Erfahrung hat mein Lebens- und Selbstverständnis nachhaltig erschüttert. Die Trauer und Wut gingen so weit, dass ich sogar Gott leiden sehen wollte. Irgendwie fand ich, war der für den ganzen Mist mitverantwortlich. Warum also in Ehrfurcht erstarren. Lass ihn deine Wut spüren. Auge um Auge. Der Zorn fordert Opfer. Ich war bereit, sie ihm zu geben.

Kapitel eins

Begegnung mit dem Kriegsgott der Evolution

Natürliche Zerstörungswut

Bis heute ist es mir unverständlich, was in Zellen vorgeht, die wie aus dem Nichts plötzlich mutieren und sich gegen das System wenden, das sie bisher ernährte. Einfach so. Aus unerklärlichen Gründen. In der Wissenschaft wird Krebs als eine Krankheit der Gene definiert, verursacht durch Mutationen. Wie aber kommt es zu dieser Art von Gehirnwäsche? Wer stachelt in vormals gesunden Zellen diese ungeheure Zerstörungswut an? Erbinformationen in der DNA, ein zufälliger Kopierfehler bei der Teilung der Zellen[1] oder das Karma? Trifft es einen geliebten Menschen, möchte man irgendjemanden oder etwas dafür verantwortlich machen, auch um ein Gegenüber zu haben, an dem sich die Wut entladen kann. Aber du läufst ins Leere. Der Verursacher bzw. das Verursachende hält sich bedeckt. Ein Chaos anrichten und dann auch noch den Schwanz einziehen. Bleiben nachvollziehbare Erklärungen aus, macht sich Verzweiflung breit, die irgendwann ins Zynische umschlägt. Wenn ein gesundheitsbewusster Mensch, wie meine Frau es war, in die statistische Relevanz-Gruppe der 70.000 Brustkrebsneuerkrankungen pro Jahr fällt, zweifelst du am Sinn und der Effizienz von Präventions- und Fitnessmaßnahmen. Die Willkür der Natur, die einem die Frau stiehlt, zieht dich in einen Strudel aus Kränkungen und Hass. Nicht nur, weil du etwas Wertvolles und Unverzichtbares in deinem Leben verlierst, sondern auch, weil dir weder der Pfarrer, Mediziner oder die Naturwissenschaft diese Irrationalität erklären kann, warum die Schöpfung auf einmal zum Dieb wird. Wieso können in einem intelligenten System wie dem

Organismus völlig ausgeflippte Zellen das Leben eines Menschen terrorisieren? Was ist der Sinn dieser Fehlleistung? Als Gestalt- und Psychotherapeutin ging meine Frau den Dingen stets gerne auf den Grund. Sie wollte den Tumor ganzheitlich verstehen. Was hat er mit meiner Biografie, meiner Sozialisation und meinem Leben zu tun? Gegenüber solchen methodischen Ansätzen waren wir durchaus offen. Ich erinnerte mich an das Buch »Mars«[2] von Fritz Zorn, das in den 80ern für viel Wirbel sorgte. Der Autor deutet darin seine Krebserkrankung in einem psychosomatischen Kontext und sah sie als Folge eines nicht gelebten Lebens. Der Titel »Mars« bringt das Wesen dieser Erkrankung gut auf den Punkt. Krebs hat, wie wir im Laufe der Zeit auf brutale Weise feststellen mussten, etwas sehr Kriegerisches. Allerdings nimmt diese Kriegslust nicht den Kampf mit Göttern auf, um mythengleiche Heldengeschichten zu schreiben. Nein, sie richtet sich gegen den eigenen Körper und lässt ihm in den seltensten Fällen eine Chance. Uns gelang es nicht, eine göttergleiche Kraft freizusetzen, mit der wir den Gegner in die Flucht schlagen konnten. Welchen Sinn machen psychosomatische Erklärungen, Prophylaxe und Persönlichkeitsarbeit, wenn die Evolution der Zellen mal kurz auf den Mutations-Buzzer drücken und einen Kurzschluss auslösen kann. Dann wird es schwierig, eine Gleichung zwischen Lebensgeschichte und Krankheitsgenese aufzumachen. Das mag im Fall von stressbedingten Krankheiten funktionieren, bei denen zwischen Überbelastung und Herzproblemen oder Burn-out ein unmittelbarer Zusammenhang besteht. Aber bei Gendefekten in Zellen? Sollte es dennoch Einflussfaktoren geben, die außerhalb der Mutationslogik liegen, wie wird dieses Reiz-Reaktions-Schema aufgeladen, sodass z.B. Traumata bei dem einen »nur« eine affektive, aber regulierbare Störung auslösen und bei dem anderen einen Tumor? Hier stehen sich genetische Autonomie und mögliche Einflussfaktoren gegenüber.

Wer den größeren Einfluss auf die Erkrankung hat, muss die Forschung klären.

Abgesoffen im Informationslabyrinth

Die Diagnose »Brustkrebs« löste bei uns eine ungeheure Stressreaktion aus. Wir fühlten uns als Ehepaar und als Familie angegriffen. Wir wollten uns verteidigen und alle Therapiemöglichkeiten heranziehen, die uns einen Vorteil gegenüber diesem Kriegsgott verschafften. Doch die richtigen Alliierten zu finden, sollte sich als eine schwierige Aufgabe herausstellen. Das fängt schon beim »Kriegsrat« an. Allein die Fülle an Ratgebern ist unüberschaubar. Bücher, Internetseiten, Foren – allein für die Suche und Auswahl der in Frage kommenden Behandlungen braucht man ein taktisches Konzept. Für welchen Gegenangriff sollen wir uns entscheiden? »Stahl, Strahl und Chemo«[3], also schuldmedizinisch, oder eine ganzheitliche Therapie? Die einen schwören auf die symptomatische Behandlung der Schulmedizin, andere auf die Naturheilkunde und biologische Krebstherapie. Das Verrückte an dieser Krankheit ist, dass sie aus der natürlichen Ordnung des Organismus ausbricht. »Krebszellen sind raffiniert, und viele von ihnen haben Tricks entwickelt, mit deren Hilfe sie sich dem Zugriff der Immunpolizei entziehen. Medikamente, welche die Tricks der Krebszellen aushebeln und deren Selbstzerstörungsprogramm in Gang setzen können, wären von unschätzbarem Wert.«[4] Je tiefer ich in diesen Pluralismus der Expertenmeinungen und Behandlungsmethoden eintauchte, umso mehr soff ich in meiner Meinungsbildung ab. Beispiel Krebsdiät: Saniert den Darm als wichtigstes Immunorgan. Immunsystem stärken, ganz wichtig beim Kampf der Zellen. Klar, müssen wir machen. Beispiel Quantenmedizin – soll die nebenwirkungsfreie

Selbstregulation steuern, die Selbstheilungskräfte des Patienten anregen und positiv auf die Zellen wirken. Hört sich gut an, lass uns einen Quantenmediziner suchen. Beispiel Knollenblätterpilz-Therapie? Ist der nicht giftig? Ja, schon ein bisschen, aber in der richtigen Potenz ist das die biologische Chemotherapie schlechthin. Schatz, das passt doch genau zu dir. Beispiel Cannabis? Das bessere, weil natürlichere Morphium. Brauchen wir das schon? Und wer verschreibt uns Cannabis hier auf dem Land? Oder doch lieber Misteltherapie, die das Immunsystem anregt, krebsbekämpfende Zellen zu bilden, kombiniert mit einer Enzymtherapie, die Krebszellen angreift und gesunde Zellen schont. Bis zur Grüntee-Therapie mit ihrer angeblichen Senkung des Tumormarkers und Verlängerung der Überlebenszeit sind wir schon gar nicht mehr vorgedrungen. Ganz gleich, wie intensiv wir uns in Büchern, bei Facharztbesuchen, Vorträgen, in Filmen und sonstigen Gesprächen informierten, in die Entscheidung nistete sich jedes Mal Misstrauen ein. Bei mir jedenfalls. Denn wir lernten diesen Tumor als einen Gegner kennen, der ein ungemein dickes Fell hat und den scheinbar nichts umhauen kann. Dann geht die Suche nach der noch besseren, wirkungsvolleren Therapie weiter und fängt an, einen zu beherrschen. Wir wollten diesen Gegner, dessen Strategie nicht zu durchschauen war und der sich bestens auf Überraschungsangriffe verstand, unter allen Umständen besiegen. Wir wollten Heilung und meiner Frau das Leben retten. Angetrieben von diesem Überlebensehrgeiz lässt du irgendwann auch die kritischen Filter außer Acht und greifst nach jeder Hoffnung, die der Angebotsmarkt an Krebstherapien bietet. Je mehr sich der Zustand meiner Frau verschlimmerte, desto aktivistischer wurde ich. Im Stakkato malträtiere ich die Suchmaschine mit meinen Eingaben. Im Laufe der Jahre hatten wir das Spektrum an möglichen Behandlungen ausgeschöpft – Schuldmedizin kombiniert mit alternativen und interdisziplinären Ansätzen.

Wir versuchten, die Krankheit in ihren Abgründen auszuloten, wollten ihr Geheimnis ergründen, sie besänftigen. Doch mussten wir uns am Ende geschlagen geben.

Besiegt von der eigenen DNS

Dieses Schlachtfeld, und anders kann man es nicht bezeichnen, verließen alle, die sich dem unheimlichen Feind entgegengestellt hatten, mit mehr oder weniger tiefen Blessuren. Diese Niederlage tat jedem unserer Alliierten weh. Den Medizinern, weil sie wieder einen Fall für eine negative Statistik vermelden mussten. Den Schwestern der Station, die eine Patientin mit viel Humor und positiver Energie verloren hatten. Therapeuten und Freunden, die uns über die Jahre zur Seite standen. Und uns, den Hinterbliebenen.

Der Feind hat sich an einem wunderbaren Sommertag frühmorgens zurückgezogen, vielmehr wurde er unter 5,8 Kubikmeter Erde auf dem Friedhof unserer Gemeinde begraben. Erklärt hat er sich bis heute nicht.

Für meine Frau waren meine Tochter und ich die Schnittstelle zum Leben, das sich von ihr immer weiter zurückzuziehen begann. Dieser Rückzug drängte sich mit den Jahren unnachgiebig in unser Bewusstsein, in dem Maße, wie die Krankheit mehr und mehr Besitz von Angelika ergriff. Genau in dem Moment, als mir klar wurde, dass es keine Hoffnung auf Heilung mehr gibt, das Wunder ausbleibt und Angelikas Abschied aus unserer Familie und von dieser Erde näher ist, als wir bisher dachten, ergriffen mich eine tiefe Furcht und unsagbare Traurigkeit. »Alles eingesetzt, alles verloren! Was für ein scheiß Spiel.« Ich fühlte mich übers Ohr gehauen, betrogen um mein Vertrauen. Mir fällt es schwer, diese Leidenszeit als ein sinnvolles Kapitel in der Biografie meiner Frau zu werten. Diese Krankheit ist ein erbarmungsloser Feind des Organismus. Krebs behandelt Menschen schonungslos und das Universum schaut seinem wilden Treiben tatenlos zu. Es wäre doch für die göttliche Superintelligenz ein Leichtes, irgendeinen Wissenschaftler auf dieser Welt mit der Erfindung eines universell anwendbaren Krebsheilungsmittels zu segnen. Das wäre eine heroische Tat! Wenn sich bereits bei Kindern im Mutterleib Gendefekte korrigieren lassen, warum sollte dann nicht die Menschheit mit dem Gnadenakt eines sensationellen Durchbruchs in der Krebsbehandlung beglückt werden? Nach der industriellen, technischen und digitalen Revolution ist es endlich an der Zeit für eine medizinische Revolution in der Krebstherapie. Mein Dank wäre dem Himmel sicher. Doch er lässt sich Zeit. Das macht mich wütend und erfordert ein offenes Wort. Die Sprache ist eine »Waffe«, mit der ich mir als Zürnender Gehör verschaffen und in die Offensive gehen will. Mit ein paar »taktischen Anweisungen« für die Trauerarbeit und den Umgang mit den vielen Emotionen, die Ehemänner und Partner durchleben, die eine ähnliche Niederlage einstecken mussten.

Krebs ist kein einfaches Thema. Es macht Angst. Niemand beschäftigt sich gern damit. Doch möchte ich einiges von den Erfahrungen weitergeben, wie mutig und entschlossen meine Frau dieser Krankheit entgegentrat, was sie stark machte und welche Erkenntnisse wir aus dieser Schreckenszeit gewonnen haben.

Kapitel zwei

Stephen King lässt grüßen

Das hässliche Gesicht der Krankheit

Im Roman Zauberberg zieht Thomas Mann die Ästhetik von Krankheit und Morbidität auf. Doch das hat im Ansatz nichts mit der Wirklichkeit zu tun, die der Krebs schreibt. Wie er sich seine Opfer holt, das gehört ins Genre des Horrors, das ist Stephen King. Wer Bücher vom Kriminalbiologen Dr. Mark Benecke kennt, der weiß, wie unappetitlich und verstörend morbide Prozesse sind. Lesen kann man so etwas. Brutal ist es allerdings, wie die ›schöne Schöpfung‹ einen derartigen Umkehrschub vollziehen und einen Menschen entstellen kann. Manche Krankheiten kennen keine Scham, sie entblößen den Menschen und verpassen seinem Kampf ums Überleben, ums Bleibendürfen, einen kräftigen Arschtritt. Krebs ist eine Variante von vielen. Angelika, meine Frau, hatte es sich zum Ziel gesetzt, den Krebs ohne Chemo zu besiegen. Sie war keinesfalls lebensmüde oder leichtsinnig. Im Gegenteil. Sie war zutiefst von dem Gelingen überzeugt. Sie wollte sanfteren Behandlungen eine Chance geben und sich und anderen Hoffnung auf eine erfolgreiche Behandlung unterhalb der Chemo- und Bestrahlungslinie machen. Eine gewisse Zeit lang schien das gut zu gehen. Später im Schlussspurt um ihr Leben entschied sie sich dann noch für einen Therapiewechsel. Der Tumor schrie regelrecht nach einer Breitseite. Jetzt sollte die Chemiekeule zeigen, was Pharmaindustrie und Schuldmedizin ihr an möglicher Wirkung nachsagen. Das Wunder der Chemo blieb allerdings aus. Mag sein, dass diese Stalinorgel der Onkologie in einem früheren Stadium bessere Ergebnisse im Kampf gegen die Krebszellen erzielt hätte. Das Gegenteil ist ebenso wenig auszuschließen. Lieben und annehmen, was ist, war immer ein Leitsatz meiner Frau. Nicht einfach dahin gesprochen, sondern gelebte Haltung. Über Wahrscheinlichkeiten nachzudenken, die jetzt nicht mehr relevant sind, damit wollte sie sich nicht aufhalten. Manchmal geht es eben nur über »Versuch und Irrtum«. Doch was kam als Irrtum überhaupt in Frage? Muss sich bei einem Gendefekt nicht jede Therapie irren, weil sie letztlich chancenlos gegen die ausgebuffte Taktik der Krebszellen ist? Die das Zellteilungsverhalten gesunder nachahmen und auf diese Weise das Immunsystem überlisten. Das Drama fängt bereits in dem Moment an, in dem die Natur beim Schreiben der Erbinformationen leider einen verheerenden Bug produziert. Für meine Frau hatte das die Konsequenz, Dauergast im Klinikum zu sein.

Irrfahrten im Kopf

»Das Leben ist ein einziger, großer Scheißhaufen«, entfuhr es meiner Tochter, kurz nachdem ihre Mutter verstorben war und sie ihre Sprache wiedergefunden hatte. Die Heftigkeit dieses Satzes traf mich mit voller Wucht. Es brachte ein Gefühl in mir in Schwingung, das sich abgekapselt hatte, aber schon lange nach außen drängen wollte. Bisher fehlte noch der passende Impuls. Ja, als nichts anderes als einen Scheißhaufen empfand auch ich das Leben in diesem galligen Augenblick, der mich bitterböse angrollte, mit einem hämischen Grinsen: »Siehst du, dein Gott hat nicht geholfen. Wie sehr du ihn auch bedrängt hast, er ließ es zu, dass deine Frau vom Krebs aufgefressen wurde. Stück für Stück. Erbarmungslos hat er dir das Wichtigste in deinem Leben genommen. Deine Liebe. Und, willst du ihm immer noch die Treue halten? Einem anonymen Etwas, das sich nicht rührt, nichts unternimmt, das alles gegen dich, gegen dein Glück laufen lässt? Wie oft hast du den Himmel angefleht. Doch nichts, absolut gar nichts, ist passiert. Tod, wo ist dein Stachel, Hölle, wo ist dein Sieg[5]. Mein Freund, kannst du das noch glauben? Wer hat denn nun gesiegt, Gott etwa, oder der Tod?« Wem auch immer diese Stimme in meinem Kopf gehörte, meinem Alter Ego, meinem Schatten oder dem Vertreter der dunklen Seite der Macht – sie sprach mir aus dem Herzen. Wie grausam es war, meiner Frau beim letzten Atemzug die Hand zu halten, der sie gerade noch mit dem Leben verband, und eine Sekunde später den Tod zu erleben, wie er in ihren Körper einzog. Ein sehr verschwiegener Gast im Übrigen, der eine unheimliche Ruhe ausstrahlt. Einen letzten Herzschlag hatte er Angelika noch gegönnt, um dann eiskalt den Sieg der Krankheit über ihre Person, ihre Geschichte und ihr Kämpfen zu demonstrieren. Eine zynische Demonstration der Macht über das Leben! Im gleichen Moment brach mein Glaubensgebäude ein. Wie von einer Abrissbirne getroffen. Der Brustkrebs führte alles ad absurdum, was uns im Leben Hoffnung gab. Nichts davon wollte oder konnte die Krankheit beschwichtigen, sie in ihre Grenzen weisen, sie Angelika entreißen. Beten, Heilungsbücher, Meditation, Chemo, Bestrahlung, Zuversicht, positives Denken. Alles relativiert, alles mit einem dicken Zweifel überzogen. Ich spürte in der Anklage meiner Tochter auch ihren Schmerz über die erlittene Niederlage. Sie hatte sich die letzten zwei Jahre intensiv um meine Frau gekümmert, eigene Pläne, Freizeit und Ziele zurückgestellt. Sie übernahm, was Krankenkassen und Pflegedienst in ihrem bürokratischen Leistungsverzeichnis nicht vorsahen. Alltägliche Handgriffe, zu der meine Frau nicht mehr imstande war. Ärztefahrten, Besorgungen, Kochen, Schuhe zubinden. Aber auch moralische Unterstützung und emotionale Nähe. Erst später wurde mir klar, dass meine Tochter mit ihrer Anwesenheit und dem Full-Service eine Wächterfunktion übernahm. Sie wollte ihre Mutter vor dem unheimlichen Familiengast beschützen, ihn in die Schranken weisen, ihre Mutter so nah wie möglich in Kontakt mit dem Leben und so weit wie möglich fern aus der Todeszone halten. Am Abend und Wochenende legten wir unsere Kräfte zusammen.

Eine Krebserkrankung verändert die Familienstruktur und die Art des Zusammenlebens. Da tritt etwas in die Gemeinschaft, das volle Aufmerksamkeit beansprucht und einen kaum in die Normalität wechseln lässt. Dieser ungebetene Gast ist omnipräsent und sein Verhalten ist schwer einzuschätzen. Er ist dem Wesen nach hoch aggressiv und feindlich gesonnen. Er ist auf Zerstörung gepolt. Und als Angehöriger, Beobachter und Mitleidender bist du komplett unerfahren darin, mit welchen Waffen auf seine Angriffe am besten zu reagieren ist. Diese taktische Frage sollte uns über Jahre beschäftigen. Wie man einen Schnupfen, ein Magengeschwür oder einen Leistenbruch behandelt, weiß selbst der medizinische Laie. Aber bei diesem Kaliber gibt es immer noch einen gewissen Faktor an Unerforschtem und nicht Vorhersagbarem, wie zu Ursachen und Dispositionen, zur Effizienz der Behandlung und zu den Chancen des Patienten. Du bist ständig auf der Suche nach Mittel und Methoden, die deiner Frau das Leben retten können. Ich geriet in einen Möglichkeitsstress, weil es so viele Empfehlungen und Erfahrungsberichte, Pros und Contras gab. Ganz gleich, ob zu konventionellen oder alternativen Krebstherapien. Doch was der Patient in dieser Phase der Therapieentscheidung eigentlich braucht, ist eine Schutzzone der Geborgenheit, in der er Zuspruch und Sicherheit erlebt. »Das, was wir machen, wird Ihnen guttun und helfen.« Doch das können Ärzte und Therapeuten nur bedingt oder unter Vorbehalt sagen. Das zeigt sich schon an der Patienteninformation, die man unterschreiben muss. »Mögliche Nebenwirkungen zur Kenntnis genommen.« In der Konsequenz heißt das, ständig in Lebensgefahr zu sein. Auch als Angehöriger wünschst du dir eine klare Ansage. Man hofft darauf, dass dir ein Arzt die Entscheidung indirekt abnimmt, weil er zu 100 Prozent überzeugt ist, von der Effektivität. Aber welcher Mediziner macht das schon?! Es ist geradezu kontraindiziert, wenn die naturheilkundliche Medizinecke gegen die konservative Therapie wettert und der Chemotherapie unterstellt, dass sie Krebspatienten eher tötet, anstatt sie zu heilen. Umgekehrt ist es nicht anders. »Ich kenne keine biologische Krebstherapie, die jemals zum Erfolg geführt hätte«, meinte der Onkologe im Klinikum. Allerdings schneidet in der Statistik die klassische Trias »Stahl, Strahl und Chemo« auch nicht allzu gut ab. Entsprechende Zahlen listet Google mit kühler Präzision auf[6]. Darin ist das bibliophile Superhirn eine Wucht. Manchmal hasste ich regelrecht diese Daten-Ausspuck-Maschine. Jeden Mist konnte ich finden, aber kaum aussagekräftige Erfolgsberichte und überzeugende Statistiken.

Bei manchen Tumorerkrankungen sind die Überlebenschancen sehr gut. Abhängig von der Krebsart und dem Stadium. Wer fünf Jahre nach der Diagnose Brustkrebs überlebt – konventionelle medizinische Behandlung vorausgesetzt –, bei dem gilt die Tumorerkrankung als geheilt[7]. Rückfälle unwahrscheinlich. Inwieweit diese Aussagen wissenschaftlich evident sind, vermag ich nicht zu beurteilen. Doch wieso sollte es meine Frau nicht in die Gruppe der Überlebenden schaffen? Vielleicht drückt das Schicksal ein Auge zu? Angelika überlebte die Erstdiagnose um mehr als zehn Jahre. Einige Jahre ohne konventionelle Behandlung, später jedoch war die klinische Intervention unausweichlich.

Obwohl ich mit der Naturheilkunde sympathisierte, hatte ich oft das Gefühl, dass bei dieser Krankheit schwere Geschütze aufgefahren werden müssten. Harter Gegner, harte Bandagen. Töten, was dich töten will. Ich spürte eine martialische Lust in mir, die sich im Verlauf der Krankheit steigerte. Angestachelt von den nicht zu übersehenden Schäden, die der Vernichtungsfeldzug in Angelika anrichtete. Der Tumor beherrschte den Stellungswechsel und wusste immer, wie er sich aus der Schusslinie nehmen konnte. [26] Bestrahlungen? Gehen ihm am Arsch vorbei! Fünf Chemo-Zyklen? Können ihn nicht aus der Defensive locken! Er marschierte weiter, eroberte neue Gebiete in ihrem Körper. Selbst wenn ich dem bockigen Störenfried ein Gesundheits-Service-Heft meiner Frau unter die Nase gehalten hätte, das ihre Vorsorgeuntersuchungen und vorbeugenden Maßnahmen dokumentierte, der wäre von seinem Kriegsziel nicht abzubringen gewesen. Nichts davon bestand den Überlebens-TÜV. »Das Leben, ein Scheißhaufen.« Der Schmerz meiner Tochter fand keine besseren, keine passenderen Worte, die diesen Moment hätten beschreiben können. Ohnmacht, Wut und Trauer wühlten mich auf. Nichts von den Qualen, Schmerzen und enttäuschten Hoffnungen der letzten Monate und Jahre ergab irgendeinen Sinn. Nicht in dieser Stunde und auch nicht in den Wochen und Monaten danach. »Was für eine Schweinerei, was für eine Ungerechtigkeit. Was hat sich das Schicksal dabei gedacht?« Nein, in diesem Moment ist man kein netter Mensch oder um die richtigen Worte bedacht. In diesem Augenblick des Abschied-nehmen-Müssens von der geliebten Partnerin und Mutter, deren Herz vor einer Stunde zu schlagen aufhörte, spürte ich eine Mischung aus Wut und Verzweiflung.

Da lag sie nun, regungslos, zu Tode erschöpft vom Kampf und den Anstrengungen des Sich-am-Leben-Haltens, gezeichnet von den Folgen der hammerharten Behandlung, erniedrigt vom Feind ihres Körpers, der ein vitales und lebensbejahendes Wesen in ein Trümmerfeld verwandelt hatte. Die Chemos konnten den fortschreitenden Kollateralschaden nicht mehr stoppen. Sie unterlagen den durchgeknallten Zellen, die alles

Gute in ihrem Körper verschlangen, angetrieben von einer perfiden Gefräßigkeit. Hasserfüllte, aggressive Zellen, denen ein gesunder Körper ein Dorn im Auge ist. Ein Killerkommando, das zu irgendeinem Zeitpunkt von irgendjemandem den Auftrag erhielt, ein geliebtes Wesen zu vernichten. Ursache unbekannt. Da kann man noch so viel grübeln und analysieren, wenn sich diese Fresszellen auf den Weg machen, kann nichts und niemand sie stoppen. Keine Chemo, keine Alternativmedizin, keine Bestrahlung. Sie lachen allen frech ins Gesicht und spotten der Schöpfung. Ausnahmen bestätigen die Regel. Wie sagte der Krankenhauspsychologe zu dieser Art des Brustkrebses: »In den meisten Fällen haben Sie keine Chance.« Aber wer hat sie dann und unter welchen Bedingungen? Von all den Zimmernachbarinnen meiner Frau, die wir in den Besuchszeiten auf der onkologischen Station kennenlernten, überlebte nicht eine. Wer also verteilt die Lose? Ich würde gerne eine Beschwerde einreichen.

Schizophrene Natur

Woher kommt diese Aggressivität, diese Lust an der Zerstörung? Ist die Natur schizophren? Wie sie sich uns präsentierte, hatte sie so gar nichts von dem Geheimnisvollen, das die Romantiker in ihr sahen. Statt der »Blauen Blume« eines Novalis, bekamen wir ihre Stacheln zu spüren. Was treibt Krebszellen an, was löst ihr Wachstum aus? Oder ist alles bloß eine Laune des Organismus, eine Zufallsgenerator-Geschichte, wen es erwischt und wer mit 90 Jahren friedlich einschlafen darf. Vielleicht liebt die Natur auch den Sarkasmus. Die steigende Krebsrate[8] in der Bevölkerung als eine von der Natur ausgeklügelte Gegenbewegung zum Methusalem-Syndrom, das vor Jahren viel diskutiert, heute aber kaum noch groß beachtet wird? Also so eine Art natürliche Säuberungsaktion à la »weg mit den Alten«?! Den Rentenkassen kann es recht sein. Die geringe Erfolgsquote bei der Chemo-Behandlung lässt einen abstruse Schlüsse ziehen.[9] Wenn die Pharmakonzerne Milliardengewinne mit Zytostatika machen – jedes Behandlungsjahr pro Patient kostet die Krankenkassen im Schnitt weit über 100.000 Euro –, ist es ein kurzer Schritt, bis man bei Verschwörungstheorien landet. Kommentare und Meinungsmacher im Internet wollen wissen, dass es schonende und sehr hilfreiche Mittel gibt, die angeblich von der Pharmaindustrie boykottiert werden. Soll man das der Industrie wirklich zutrauen, dass sie Patienten aus Profitgier an nicht ganz nebenwirkungsfreie Chemo-Mittel binden will? So eine Art erzwungene medizinische Loyalisierung. Nein, das will ich nicht glauben.

Die jährliche Zunahme an Krebs-Neuerkrankungen ist erschreckend. Sie geht quer durch alle Altersgruppen. Jedes Mal, wenn ich meine Frau in der Klinik besuchte, musste ich am Kinderkrebszentrum vorbei. »Schau, selbst diese jungen Menschen, die eigentlich noch ihr Leben vor sich haben, müssen bereits darum kämpfen«, rumorte es in mir. Ein Freifahrtschein ins Leben mit geringer Verweildauer. Irgendwie sarkastisch. Wer denkt sich diesen Mist bloß aus? Im DNA-Labor der Natur herrscht das Chaos. Der Schöpfer hat die Kontrolle verloren. Ihm ist die Ordnung über seine Schöpfung entglitten. Steckt ein Plan dahinter? Oder müssen die Betroffenen noch einmal eine Erdenrunde hinlegen, um ihr schlechtes Karma auszubügeln? Überzeugte Anhänger der Never-Come-Back-Lehre würden dies bestreiten. In seinem 1783 verfassten Gedicht »Der Mensch« beschreibt Matthias Claudius das Menschsein und lässt es mit einer Antithese gegen alle Reinkarnationsgläubigen enden: »Dann legt er sich zu seinen Vätern nieder, und er kömmt nimmer wieder.«[10] Die Konsequenz daraus: Es lebe der Hedonismus. Genieße den Tag. Doch sollte es tatsächlich zutreffen, dass wir für Verfehlungen in anderen Leben geradestehen müssen, frage ich mich, wer uns darüber informiert. Da muss es schon seriösere und zuverlässigere Quellen geben als irgendwelche selbsternannten Channel und Esoteriker. Wenn schon ein metaphysischer Zuchtmeister Satisfaktion von uns fordert, sollte der Götterbote sich klar zu erkennen geben und eine unmissverständliche Ansage machen. Ich warte noch. Und mit der kirchlichen Sünden- und Erlösungslehre kann ich nun überhaupt nicht mehr viel anfangen. Die reflektiert immer noch die Schatten einer Theologie des Mittelalters. Selbst wenn ich versuchen würde, »Krankheit als Weg«[11] zu verstehen, sozusagen von einer höheren Macht als pädagogisches Mittel ins Lebensskript eines Menschen abkommandiert, muss ich kapitulieren. Krebs als bewusstseinssteigerndes Lehrstück in eigener Sache? Nein, danke! Welche Konsequenz hätte der Erkenntnisgewinn für die Therapie? Hilft das, um wieder gesund zu werden?

Ob junger oder älterer Mensch, niemand hat es verdient, Opfer eines solchen Killers zu werden. In Würde zu sterben, das Recht sollte jeder Mensch haben. Etwas, was diese Krankheit völlig ignoriert. Es wird Zeit, dass Forschung und Medizin der Mordlust dieser Krankheit endlich ein Ende bereiten.

Gott keine Wunderwunschmaschine

Aufgrund meiner Sozialisation suchte ich immer wieder einen exterritorialen Bezugspunkt als Inbegriff des Heilen, Wahren und Guten. Doch vielleicht tapste ich mit dieser Hinwendung an das Metaphysische genau in die Falle der Utopie einer besseren Welt, wie sie sich Menschen seit Urzeiten vorstellen. Frei von Leid, von Klagen und Krankheit. Was besonders dann virulent wird, wenn es mies läuft. Die Clubkarte fürs Paradies haben wir dank Adam und Eva leider verzockt. Jetzt müssen wir uns mit dieser göttlichen Ersatzwelt begnügen ohne jeglichen paradiesischen Komfort. Dieser Ursprungsfehler lässt sich leider nicht korrigieren, um sich in den Garten Eden zurück schleichen, zu können, ebenso wenig wie die Fehlcodierung in den Zellen rückgängig gemacht werden kann. Ich habe nicht den Eindruck, dass man mit dem »Himmel« über eine gerechte Zeit des Sterbens verhandeln kann. Was dem Brandner Kasper[12] mit ein paar Schnäpsen gelang, bleibt die literarische Ausnahme. Für den Tod ist es immer zu früh. Daran ändert keine Lebensversicherung etwas. Ein Biologe würde mir jetzt wahrscheinlich beruhigend auf die Schulter klopfen: »Mann, Fehlcodierungen, Tod und Sterben gehören nun einmal zur Evolution. Bei rund zehn Billionen Körperzellen passiert es schon mal, dass bei der Erneuerung ein paar durchdrehen.« Schade, dass sich der Schöpfer aus dem Erdengeschäft zurückgezogen und das Zepter an die Evolution übergeben hat. »Wir können sagen, Gott machte die Dinge nicht, nein, Gott machte, dass sich die Dinge selbst machten.«[13] Ein Satz aus einer Vorlesung von Frederick Temple, dem späteren Erzbischof von Canterbury, zum Verhältnis von Religion und Wissenschaft. Die Evolution läuft jedenfalls nicht ganz in der Spur. Aus der Naturforschung wissen wir, dass für Entwicklung und Kausalität zahlreiche Varianten und Faktoren zur Verfügung stehen. Für den Physiker und Wissenschaftskabarettisten Vince Ebert steht fest, dass die Evolution ihre Macken hat, keinen festgelegten Plänen, sondern eher einem Möglichkeitssinn folgt.[14] Krankheit und biologischer Zufall gehören zu diesen Möglichkeiten. Wie oft hatte ich mir gewünscht, dass ein Wunder geschieht, sozusagen ein Gegenkurzschluss in den Zellen, der die Mutation zurückdreht. Minus mal Minus ergibt Plus. Das Überspringen der Kausalität dieser Krankheit, das Aushebeln ihrer perversen pathogenetischen Entwicklung, wäre das Einzige gewesen, was dieses abstruse Pokerspiel hätte beenden und ins Positive wenden können. Aber der Himmel wollte nicht. Oder er mag einfach nicht mehr hinhören, weil es ihn ermüdet, dass tagtäglich Millionen Menschen mit ähnlichen Nöten, Sorgen und Schicksalen ihm in den Ohren liegen. »Rufet mich an in der Not und ich will euch erretten«, schreibt der Psalmist[15]. Habe ich. 1000 Mal. Nichts! Wer hat das Zeug bloß geschrieben?

Ein Jahr ist es jetzt her, dass meine Frau verstarb. Der Schmerz und die Trauer sitzen noch tief. Ich brauche Zeit für meine Rebellion, meinen Zorn, mein Jammern. Meine Seele gibt da einfach noch keine Ruhe. Wie sollen wir denn an etwas Transzendentes glauben können, wenn die Sache mit Gott[16] so arm an Erfahrungen ist?! Vor allem an guten. Trotz Aufklärung sitzen die Sündenbotschaften gut verankert im Unterbewusstsein fest. Hat Schopenhauer Recht? Ist die Welt der »Sündenfall Gottes«[17]? Ihr Zustand löst nicht unbedingt Begeisterungsstürme aus, ohne in Pessimismus verfallen zu wollen. Krebszellen allerorten. Als Krankheit, aber auch als geistiges Phänomen. Fresssüchtige Imperialisten, die sich durch Moral, Anstand, Ethik und Diskurse beißen und einen Aschehaufen hinterlassen. Ja, Trauernde sind zornige Wesen. Für eine Zeit lang jedenfalls. Höchst sensibilisiert für das Destruktive. In der Trauer habe ich eine besondere Antenne für das Unstimmige, die hinterlistigen Botschaften der Kaputtmacher in dieser Welt. Weil ich mich zutiefst nach dem Heilen, der Geborgenheit einer Gemeinschaftsstruktur sehne, wie ich sie aus 30 Jahren mit meiner Frau kenne. Eine Zeit der Lebensgestaltung und des gemeinsamen Schaffens, die ganz wesentlich identitäts- und sinnstiftend ist. Der Verlust der Partnerin kommt einem Erdbeben gleich. Alles, was ich jetzt mache, arbeiten, den Alltag bewältigen, Freizeit, hat einen mehr handwerklichen und mechanischen Charakter. Es mangelt an Leidenschaft und Begeisterung. Weil mir das Du fehlt.

Kapitel drei

Von wegen Männer zeigen keine Gefühle

Sie leidet, ich weine

Ein schöner Sommertag im Juni 2005. Anruf der Frauenärztin. »Frau Berger-Jopp, bringen Sie bitte Ihren Mann mit in die Sprechstunde.« Ich wusste sofort, was uns erwartet. Ein Todesurteil. Auch wenn das erst viele Jahre später vollzogen werden sollte. Angelika hatte vor ein paar Wochen diesen Knoten in der rechten Brust ertastet. Die Frauenärztin überwies sie zur Mammografie. Die Radiologin fackelte nicht lange und langte ohne erst nachzufragen zur Biopsie-Nadel. Meine Frau war etwas perplex, wie schnell sie handelte. Nach knapp einer Woche lag der Befund vor. Wir stiegen mit einem Gefühl der Beklommenheit ins Auto. Angelika versuchte, den möglichen Tatsachen ins Auge zu sehen. Nicht leicht, wenn die Vorahnung einem schon die Tränen in die Augen treibt. Wir sprachen kurz darüber, was wir tun würden, wenn der schlimmste Fall eintreten sollte. Doch das Gespräch diente mehr dazu, Nervosität und Ängste abzumildern. Ich spürte, wie die Furcht in mir hochkroch. Bisher hatten wir zusammen viele Stürme durchgestanden. Angelika hatte erst vor kurzem eine langwierige Erkrankung ihres Darms und Immunsystems auskuriert, ausgelöst durch eine Quecksilbervergiftung. Ein Zahnarzt hatte ihre Amalgamfüllungen ohne Spanngummi entfernt. Partikel gelangten in Magen, Darm und ins Blut. Erst mit Hilfe der Naturheilkunde konnte die Ursache für ihre Stoffwechselprobleme und den starken Gewichtsverlust festgestellt und geheilt werden. Jetzt drohte neues Unheil.

Kaum in der Praxis angekommen, bat uns die Assistentin gleich ins Sprechzimmer herein. Ich ahnte nichts Gutes. Die

»Urteilsverkündung« ließ nicht lange auf sich warten, mein Herz raste. Der Stuhl im Sprechzimmer, unbequem. Nicht weil er durchgesessen war, sondern weil ich mich so fühlte. Wie vielen Männern es hier wohl schon ähnlich ergangen ist? Ob die Ärztin sich ihres Richteramtes über das Leben bewusst ist?, fragte ich mich. Leider nein. Sie spulte ihren Text herunter: »Biopsie, leider positiver Befund, Mamma-CA. Strahlentherapie, OP, Chemo, bitte alles sofort!« Meine Frau negierte, ich erstarrte. Nein, sie wolle es alternativ und naturheilkundlich behandeln. Die Ärztin insistierte. Meine Frau bat um Verständnis und drängte, zu gehen. Nach dem emotionalen Knock-out in der Praxis mussten wir unsere Gefühle erst einmal sortieren. Meine Frau weinte, ich nahm sie in den Arm und versuchte, sie zu trösten. Gerade erst hatte sie sich wieder halbwegs stabilisiert und »jetzt soll ich mich wieder einer neuen Tortur aussetzen? Spatzl, was ist denn das bloß? Ich habe doch genug gelitten in den letzten Jahren. Und jetzt so etwas?« Sie war verzweifelt, ich nicht weniger. Was sagt man einem Menschen, der bis ins Mark erschüttert ist? Ich schwieg, hielt sie fest in meinen Armen und versuchte, ihr so viel wie möglich von meiner Nähe zu geben. Reden können wir später noch. »Ab jetzt beginnt eine neue Zeitrechnung«, schoss es durch meinen Kopf. Ich weine still in mich hinein, obwohl ich am liebsten vor Verzweiflung laut geschrien hätte. Dazu sollte ich noch ausreichend Gelegenheit haben. In den nächsten Jahren. Wir fuhren nach Hause, wo unsere damals fünfzehnjährige Tochter uns schon aufgeregt erwartete. Sie nahm es relativ gefasst auf. Vordergründig. Wir hatten die Wahrheit auch etwas geschönt. Jugendliche durchleben in diesem Alter genügend Dramen. Ich schob für ein paar Tage die Arbeit beiseite und unternahm eine kleine Tour mit meiner Frau. Zeit miteinander genießen, die Gedanken und Gefühle sortieren, den Schock aus den Gliedern wandern, über die veränderte Wirklichkeit reden, Möglichkeiten überlegen, erste Termine vereinbaren.

Die Frauenärztin gab nicht so schnell auf. Anrufe, E-Mails. Sie legte uns die empfohlene Therapie dringend ans Herz. Es gäbe aus ihrer Sicht keine Alternative dazu. Meine Frau war da anderer Meinung. Die Schulmedizin hatte bei ihr nicht die beste Visitenkarte abgegeben. Mit dem Gewichtsverlust, dem massiven Schwitzen und der Darmerkrankung pilgerte sie von einem Facharzt zum anderen. Bis ein Naturheilmediziner mit einer modifizierten Diagnostik der Sache auf den Grund ging und eine erfolgreiche Behandlung einleitete. Irgendwann stellte die Frauenärztin ihre Überzeugungsversuche ein. Die schulmedizinische Position war damit allerdings nicht vom Tisch. Bei späteren Konsultationen wurde ich des Öfteren gefragt: »Warum haben Sie Ihre Frau nicht zur konventionellen Therapie gedrängt?« Ja, warum eigentlich nicht. Ganz einfach, weil sie es nicht wollte. Und ich auf Granit biss. Vor allem, als ihre Mutter dann noch an Brustkrebs starb, trotz Chemo und Bestrahlung, waren die Vorbehalte gegen eine konservative Therapie kaum noch aus der Welt zu schaffen.

Anfangs schlug die alternative Therapie gut an. Der Tumor verhielt sich ruhig, kein Wachstum, beste Laborwerte. Angelika hielt sich fit, wir gingen zusammen zum Sport, achteten auf ausgewogene Ernährung. Soweit grüne Welle für das Leben. Allerdings zeichnete sich ab 2008 eine anatomische Veränderung der Brust ab. Sie schob sich unmerklich nach oben. In dieser Zeit wurde Angelikas Herzenswunsch wieder lebendig. Eine Reise nach Hawaii auf die Insel Maui. »Wer weiß, wie lange ich mit dieser Krankheit noch halbwegs mobil bin«, meinte sie. Das klang nach einem prophylaktischen Abschiednehmen von der Welt, die sie so gerne und viel bereist hatte. Sie liebte es, Länder und Menschen zu entdecken. In den letzten Jahren allerdings kam das zu kurz. Sie verbrachte dann ein paar Monate auf Hawaii. Eine ihrer schönsten Zeiten. Die Bilder zeigen eine strahlende, glückliche und auch gesund aussehende Frau. Die Endorphine luden ihren Körper mit ganz viel positiver Energie auf. Von der Buchung über Unterkunft und Mietwagen bis zu den Routen hatte sie alles allein organisiert. Das wollte sie so. Sie wollte sich und anderen beweisen, dass sie noch eine starke und widerstandsfähige Frau ist. Trotz des Feindes in ihrem Körper, der anfing, sich stärker bemerkbar zu machen. Wir freuten uns, ihr diesen Wunsch erfüllen zu können. Auch wenn ich sie ungern für eine so lange Zeit entbehren wollte. Denn, wer weiß?! Intuitiv spürte ich, es wird ihre letzte große Reise sein.

Wut auf die sanfte Medizin

In der Phase, als Angelika die sich abzeichnende Ausweglosigkeit aus dieser Krankheit bewusster wurde, versuchte sie, dem Leben noch alles abzugewinnen, was ihr Freude, Spaß und Erfüllung brachte. Sie besuchte einen Qigong-Kurs, Seminare, pflegte ihre Rosen und schrieb Tagebuch, soweit das ihr Arm erlaubte. Jammern hörte man sie so gut wie nie, obwohl sie starke Schmerzen hatte, die Wunde täglich verbunden werden musste und ihre Motorik durch die Wirbelverschiebungen und den »Elefantenarm«, wie sie ihn nannte, stark beeinträchtigt war. Manchmal saß sie bis spät in die Nacht, lesend, meditierend. Es passierte einige Male, dass sie dabei auf dem Sofa einschlief und wir sie morgens wecken mussten. Es war vor allem ein Ringen um Zeit. Die ihr noch verbleibende Lebenszeit maximal auskosten und das tun, was auf Wellenlänge ihres Herzens lag. Ich glaube, sie hat uns vieles verschwiegen. Vor allem ihre Ahnung des bevorstehenden Endes. Manchmal machte sie eine entsprechende Andeutung oder dass sie einen beängstigenden Traum gehabt habe. Wir versuchten das zu überspielen. Wir wollten die Verteidigungslinie gegen den Aggressor Krebs halten, versuchten, sie zu ermutigen, zu trösten und Angelika Hoffnung zu machen. Nicht allein ihr, auch uns selbst. Denn es blieb uns nicht verborgen, wie Angelika abbaute und wie sehr sie litt, selbst wenn sie nichts sagte. Die Körpersprache war eindeutig. Der kritische Punkt war überschritten. Die Zeit spielte gegen uns. Diese Art des Hormonrezeptor-positiven Tumors hat etwas von einem Illusionisten. Er verhält sich anfangs sehr ruhig, so gut wie kein Wachstum. Auch wenn der Tumormarker unauffällig ist, ist höchste Skepsis geboten. Die Entwicklungskurve schleicht sich unauffällig und relativ langsam nach oben. Rückblickend muss ich sagen, dass wir uns davon haben täuschen lassen. Wir interpretierten diese retardierte Entwicklung als positives Signal, dass wir mit der Therapie auf dem richtigen Weg sind. Allerdings baute der Tumor zwischenzeitlich seine Armee auf, die dann ihr Angriffstempo massiv verstärkte. Was langsam begann, nahm an Geschwindigkeit zu. Die Mamille zog sich immer mehr nach innen. Der Anblick ihrer Brust erschreckte mich. Verknotungen entstanden. Der Tumor zeigte, was er von alternativen Behandlungen hält: nicht viel. Zu diesem Zeitpunkt schrillten bei mir die Alarmglocken. Ich versuchte, meine Frau von einem therapeutischen Strategiewechsel zu überzeugen. Klinik, Bestrahlung und wenn es sein muss, Chemotherapie. »Bitte lenke ein und fordere das Schicksal nicht heraus.« Sie willigte ein. 2011 Besuch bei einem Spezialisten. Untersuchung, Besprechung, klare Ansage zur Therapie mit Chancenpotenzial. Brust-erhaltende Operation, Entfernung des Tumors und Wächterknotens, Bestrahlung, aller Voraussicht keine Chemo. Bitte in zwei Wochen hier erscheinen. Ich atme auf. Angelika war eine kluge Frau, die ihre Entscheidungen überlegt und mit dem Herzen traf. Dass sie sich nach kurzer Zeit gegen die OP und für eine

Fortsetzung der nicht-klinischen Behandlung entschied, war allerdings nicht nachvollziehbar. Ich war aufgebracht, zornig und spürte, wie es mir die Kehle zuschnürte. Obwohl ich offen für die alternative Medizin und Naturheilkunde war, verfluchte ich sie insgeheim. Ich traute dem »Weichspüler« in diesem Moment nicht zu, mit diesem Tumor auf sanfte Art und Weise fertigzuwerden. Ein chirurgischer Eingriff erschien mir unumgänglich. Allein, um das Gewebe zu entlasten. Doch, wie ich erfahren musste, ist das nicht ohne Risiko. Der Schnitt kann auch eine Virulenz der Tumorzellen auslösen. Wird der Primärtumor in einer Operation angegriffen, explodiert das Risiko für Metastasen. Etwa 90 Prozent der Patienten sterben nicht am Primärtumor sondern an durch Metastasen verursachten Sekundärtumoren.[18] Der Bericht eines internationalen Teams führender Krebsforscher aus dem Jahr 2010 bestätigt das.[19]

Bedenken, die auch Angelika einbrachte. So wie sie mir ihre Entscheidung damals begründete – »ich glaube, dass für mich die sanfte Therapie besser ist« – klang es sehr überzeugend. Ich hatte nicht den Eindruck, dass sie aus Angst, Vorurteilen oder Ignoranz gegenüber der Schulmedizin diesen Weg weitergehen wollte. Sie war da schon differenzierter und gab zu bedenken, dass sie aufgrund ihres anfälligen Immunsystems eine konventionelle Behandlung nicht verkraften würde. Im Nachhinein denke ich, dass sie eine Chancen-Risiken-Analyse für sich vorgenommen hatte: Was gibt mir mehr Lebenszeit? Die später aufgesetzte Chemo- und Strahlentherapie bestätigte ihre Vermutung. Das war wie ein Orkan, der durch ihren Körper fegte und ihre Kraftreserven und Substanz auf den Nullpunkt herunterdonnerte. Angelika hielt es aufgrund ihrer Konstitution für sinnvoll, zunächst mit einer Stoffwechsel- und Immunsystem-orientierten Behandlung zu beginnen, um ihr System zu stärken. Für meine Frau war es wichtig, dass ich sie in ihrer Entscheidung unterstütze und mich mit ihr solidarisiere. Hundertprozentige Rückendeckung, die auch dann nicht ausschert, wenn aus meiner Sicht die onkologische Medizin besser wäre. »Du musst ihre Entscheidung respektieren, aber du darfst und musst dir auch die Freiheit nehmen, energisch einzuschreiten«, dachte ich mir. Unser Hausarzt nahm mir das später ab.

August 2013. Meine Tochter erreicht mich auf dem Handy. Angelika sei gestürzt und habe sich das Handgelenk gebrochen. O weh, auch das noch. Statt Mutter Maria, die für Angelika eine wichtige Bedeutung hatte, war hier wohl eher die Göttin des Unheils am Werk. Ein Anflug von Sarkasmus, den ich jedoch in keiner Weise bereute. »Was soll die arme Frau denn noch durchmachen?« Es ist wirklich schwer in einem Gesellschaftssystem, das nach Werten wie Leistung, Belohnung und Erfolg funktioniert, bei Ereignissen der Kategorie Zufall und Schicksal andere Wertmaßstäbe anzuwenden. Wenn man so auf die Fresse kriegt, kommt man schon über die »Glücks- und Pechverteilung« des Lebens ins Grübeln. Wer kontrolliert das? Wer schaut dem metaphysischen Verteilungsmanager auf die Finger? Und gibt es nicht einen Vorstandsvorsitzenden, der ein Veto einlegt und anordnet, die Gaben nach der Güte und Herzensleistung des Menschen zu verteilen? Schon allein deswegen müsste Fortuna ihr Füllhorn über Angelika ausgießen. Aber darüber beschwert sich ja schon König David in den Psalmen, dass es den »Gerechten« massiv an die Wäsche geht. Er wird verhöhnt, bekämpft, ausgebeutet und unterjocht. Irgendwie verkehrte Welt. Was bringt es einem Menschen dann überhaupt, »gottesfürchtig« und gerecht zu sein? Es wird ihm nicht gedankt.

Die Ärzte versuchen es zunächst mit einer Schiene. Leider wächst der Knochen nicht wie erhofft an. Das Handgelenk muss operiert und genagelt werden. Der Chirurg weiß bis dahin nichts von dem Tumor und der offenen Wunde. Seitens des Ärzteteams ist die Operation trotz dieser Umstände machbar. Die Wunde wird antiseptisch verklebt, der Eingriff ist erfolgreich. Meine Frau musste für zwei Nächte auf der Station bleiben. Die Chirurgen empfehlen ihr für die Tumorbehandlung die onkologische Abteilung im Zentralklinikum. Das sollte in absehbarer Zeit ihr »zweites Zuhause« werden. In einem halben Jahr sollen die Schrauben wieder entfernt werden. Dazu wird es nicht mehr kommen. Das Tumorwachstum hat an Geschwindigkeit und Komplexität zugelegt und verhindert bis auf weiteres die zweite Handoperation.

Die Therapiewende, 30. Dezember 2014. Angelika leidet unter massiver Atemnot. Der Hausarzt konstatiert Wasser in der Lunge. Muss punktiert werden. Überweisung ins Klinikum. Ein heftiger Schneesturm erschwert die Autofahrt ins 25 Kilometer entfernte Zentralklinikum. Vier Stunden Wartezeit in der Notaufnahme. Ich besorge etwas zu essen und zu trinken. Dann Untersuchung, Labor und Zimmerbelegung. Ich bleibe bis 1 Uhr nachts, dann nach Hause. Am 31.12. noch Röntgen und Ultraschall, dann Punktierung. Ich verbringe den Silvesterabend alleine zuhause. Das erste Mal in 29 Ehejahren. Ich bin neben der Spur. Ich bekomme einen Vorgeschmack auf ein Leben ohne meine Frau. Ich verdränge den Gedanken. Schaue mir noch das Feuerwerk an, fotografiere es, um es ihr am nächsten Tag auf der Station zeigen zu können. Den Sekt lasse ich aus, gehe schlafen. Neujahr bin ich bei ihr. Gespräch mit den Ärzten. Sie empfehlen, dass Angelika noch ein paar Tage bleibt. Das Ärzteteam, sehr freundlich und nachsichtig, aber auch sehr engagiert, macht ihr mit sanftem Nachdruck ein Therapieangebot – Hoffnung inklusive. Angelika akzeptiert, ich bin erleichtert, die Weichen für die Onkologie sind gestellt. Es folgten vier Monate Klinikaufenthalt an einem Stück. Mit den Behandlungen, die sie möglichst vermeiden wollte: Chemo, Bestrahlung und im Anschluss war eine kosmetische Operation vorgesehen. Ich erinnere mich noch, wie aufgekratzt sie erzählte, als sie die erste Chemo hinter sich gebracht hatte. Wohl auch aus Erleichterung, diese Barriere endlich überwunden zu haben, in der Hoffnung, dem aggressiven Gegner nunmehr den entscheidenden Hieb verpassen zu können. Allerdings trübte der behandelnde Onkologe meine Zuversicht. Die Chemo sei nicht kurativ, sondern adjuvant, also unterstützend. Heilung unwahrscheinlich. Das allerdings kommunizierte ich nicht eins zu eins an Angelika. Warum auch. Hoffnung ist die Energie, mit der man diese Tortur am besten durchsteht. Ich kann nur darüber spekulieren, ob eine frühere Operation effizienter gewesen wäre und sie hätte heilen können. Überhaupt wurde der Konjunktiv zu einer häufig gebrauchten Gedankenfigur. »Was wäre gewesen, wenn ...?« Nach Angelikas Tod hatten meine Tochter und ich immer wieder darüber gesprochen, ob eine direkt im Anschluss an die Erstdiagnose aufgesetzte konservative Behandlung einen anderen Verlauf genommen hätte. Wir wissen es nicht. Aber diese Art der Gedankenspiele ist ein Teil der Verarbeitung. Die rückwärtsgewandte Utopie, als hätte man es in der Hand, dem Schicksal einen anderen Verlauf zu geben.

Das Leben im Würgegriff. Mir war nie ganz klar, warum Angelika Spezialisten in Brustkrebszentren aufsuchte, wenn sie von dieser Behandlung nicht überzeugt war. Etwa aus Gefallen zu mir, der immer wieder drängelte, als das Tumorwachstum ihre Brust immer mehr vereinnahmte? Ich machte mir Sorgen und hatte Angst vor dem Worst Case, den ein Oberarzt mahnend in den Raum stellte: »Wenn der Tumor aufplatzt, und diese Gefahr ist bei Ihnen nicht ausgeschlossen, dann ist es mehr als fünf vor zwölf.« Bei dieser Aussage schlotterten mir die Knie. Angelika verhielt sich abwartend. Was ging bloß in ihrem Kopf vor? Er sollte mit seiner Mahnung Recht behalten.

Erst sehr viel später wurde mir klar: Krebspatienten ticken anders. Sie haben Angst, sie fürchten um ihr Leben. Der Schock der Diagnose wandelt sich in Angriffshaltung, sie nehmen das Leben in einen Würgegriff, halten es fest, vertäuen es mit sich und allem, was noch die Aura des Gesunden an sich hat. Biokost, Biotherapien, Homöopathie. Sich der konservativen Therapie zu unterziehen, wäre gleichbedeutend damit, sich auf die Seite der »Todkranken« zu begeben, die allgemeinhin dieses Chemo- und Strahlen-Bombardement über sich ergehen lassen müssen. Und wer will schon mitten im Leben zum Kreise der Moribunden gehören?! Genau da sah sich meine Frau noch: mitten im Leben. Trotz Schmerzen und zunehmender Beschwerden. Der Strahlenmediziner, der sie später im Klinikum behandelt, erzählte mir, dass viele seiner Patientinnen erst in einem späten Stadium einer Strahlen- und Chemotherapie zustimmen. Frauen, bei denen der Tumor bereits aufgebrochen und inoperabel sei. Er konnte das Verhalten dieser Patientengruppe allzu gut verstehen. Wie mir ein Psychologe erklärte, habe das auch etwas mit weiblicher Besitzstandswahrung zu tun. Den Erhalt der eigenen Brust, als Merkmal von Erotik und Frausein, solange wie möglich zu verteidigen, ist für die Patientinnen ein seelischer Anker in dieser aufwühlenden Zeit. »Die weibliche Brust ist in unserer Gesellschaft so unendlich wichtig, sie ist ein Kulturorgan«, sagt der Pathologe Prof. Dr. Werner Schlake.[20]

Hinter dem Herauszögern des operativen Eingriffs stecke die Angst der Frauen vor einem weiblichen Identitätsverlust. Sie fürchten, als erotisches Wesen minderwertig und nicht mehr begehrenswert zu sein. Verlieren sie dann durch die Chemo auch noch ihre Haare, wird die Kränkung verstärkt. Haare sind ein Symbol für Weiblichkeit und Verführungskraft – in Bildern alter Meister und Darstellungen sieht man die Urmutter und Urverführerin Eva stets mit langen Haaren. Zwar gibt es brusterhaltende, kosmetische Operationsmethoden und die Krankenkasse spendiert sogar eine Perücke. Trösten kann das keine Frau. Brustkrebs ist ein tiefer Einschnitt in die emotionale und seelische Struktur und ein Fall für die Gesprächstherapie. Erkrankungen der Geschlechtsorgane belasten die Psyche. Ich habe Berichte über Männer mit Prostata-Karzinom gelesen, bei denen die Diagnose und Therapie ähnliche Ängste und Gefühle auslöst. »Bin ich noch ein richtiger Mann, wenn ich mit Erektions- und Blasenproblemen zu kämpfen habe? Soll ich den operativen Eingriff wagen?« Bei einem Angriff auf die Geschlechtsmerkmale gerät das psychophysische System ins Ungleichgewicht.

Das Mammakarzinom hat Angelikas rechte Brust mittlerweile fast vollständig okkupiert. Dieser unersättliche Wüterich! Es versetzt mir einen Stich ins Herz. Sie fühlt sich in ihrer Weiblichkeit gekränkt und als Mutter gegenüber ihrer Tochter minderwertig. Die Erotik ist weitgehend aus ihrem, unserem Leben verdrängt. Gut, damit kann man umgehen. Aber die Erschütterungen in ihrer Fraulichkeit treffen Angelika auch in ihrem Selbstwertgefühl. Ich frage mich, warum Brust- und Prostatakrebs[21] die häufigsten geschlechterspezifischen Krebserkrankungen sind. Hat es etwas mit den Prinzipien von Weiblichkeit und Männlichkeit zu tun, wie sie in unserer Gesellschaft verstanden und gelebt werden? Ohne jetzt in eine Bedeutungspsychologie abdriften zu wollen. Es hat lange gedauert, bis ich die vordergründigen Irrationalitäten meiner Frau akzeptieren konnte. Als Ehemann bist du in einer verzwickten Lage. Du willst, dass deine Frau lebt. Du willst die beste Therapie. Du willst nichts falsch machen. Und hast eine riesengroße Angst, eine Entscheidung zu unterstützen, die sie vielleicht noch schneller unter die Erde bringt. Doch du solidarisierst dich mit ihr. Alles, was ihr Hoffnung schenkte, erfüllte auch mich mit Zuversicht. Alles, was ihr für ein paar

Stunden Kraft gab, machte mich glücklich. Egal, was es war. Ob ein kurzer Ausflug, Appetit oder ein gemeinsames Spiel. Das Tödliche war für Momente und Stunden beiseitegeschoben. Nicht da. Nicht relevant. »Es geht mir besser«, war immer ein Etappensieg über den Verfall und gegen das Näherrücken des Sterbens.

Acht Klinikaufenthalte, acht Arztbriefe. Mit jedem Labor, MRT und CT nahm die Erschütterung zu. Diese Krankheit verhielt sich wie ein Hausbesetzer. Ungeachtet der medizinischen Interventionen fand sie immer wieder ein neues Einfallstor und einen Platz im Organismus, an dem sie sich niederlassen und ausbreiten konnte. Das Killerkommando Chemo gegen das Killerkommando Krebszellen musste herbe Verluste einstecken. Irgendwann fragte sich meine Frau, wozu sie eigentlich noch diesen ganzen Behandlungsstress mit seinen Nebenwirkungen wie Übelkeit, Schwindel, Lymphstau, Zahnausfall und Knochenproblemen mitmachen solle, wenn der Verlierer doch seit Anfang der Therapie feststehe – sie selbst. Dann lieber in Würde abtreten. Diese Gedanken versuchten wir nach dem Prinzip Hoffnung klein zu halten, ermutigt von den Ärzten, die wirklich ihr Bestes gaben. Wer will diese Trumpfkarte der besseren Möglichkeit schon verdaddeln?! Warum Wochen, Monate und vielleicht sogar Jahre an zusätzlicher Lebenszeit verschenken, wenn es eine Chance gibt. Meine Tochter und ich waren nicht bereit, Angelika herzugeben, der Krankheit den Sieg zu gönnen. Wir hatten unsere eigene Meinung zu diesem Schicksals- und Psychospiel. Wir rechneten dem Himmel vor, warum er Angelika jetzt bitteschön heilen muss. Und falls nicht, dass er dann mit unserer Kündigung rechnen müsse. Doch, es ist schwer mit einem Gott zu verhandeln, der sich nicht als sehr gesprächig erweist. Das war mal anders. Da redete er dauernd – mit den ersten Menschen, mit Urvätern, Königen, Propheten, Schafhirten, Männern, Frauen und Völkern. Was immer wir auch als Advokaten von Angelika anführten, es zog nicht. Sei es ihre Lebensgeschichte, ihre positive Grundhaltung oder ihr gesundheitsorientierter Lebensstil. Das Gnadengesuch wurde abgelehnt.

Gnadenloser Hausbesetzer

Krebs ist eine Unterwanderung der Menschlichkeit. Und eine Fehlleistung der Evolution, die in diesem Punkt ihren Entwicklungsmöglichkeiten um Jahrtausende hinterherhinkt. Sie unterläuft gleichsam ihre eigene Logik – die Weiter- und Höherentwicklung des Lebens. Gehen wir davon aus, dass die Evolution als zufällige Spielwiese der Gene in ständiger Innovationslaune ist und Neues aus den zur Verfügung stehenden Ressourcen bildet, wenn etwas nicht funktioniert[22], dann hat sie bei Krebs unter Beweis gestellt, dass ihr schon sehr, sehr lange kein wirklich guter Coup zum Wohle der Menschheit mehr gelungen ist. Immerhin hatte sie genug Zeit. Die Krankheit begleitet die Menschheit nachgewiesenermaßen seit 6.000 Jahren. Gegen Cholera, Pest, Pocken und andere Krankheiten konnten Impfstoffe gefunden werden. Auch die Weltgesundheitsorganisation (WHO) könnte wieder eine Erfolgsstory gebrauchen. Auf ihrer Internetseite wird Krebs als die zweithäufigste Todesursache in Europa hinter Herz-Kreislauf-Erkrankungen geführt. Mehr als 3,7 Millionen Neuerkrankungen und 1,9 Millionen Todesfälle pro Jahr, global sind es 8,2 Millionen Todesfälle (Stand 2012).[23] Doch neueste Entwicklungen in der Forschung und Pharmakologie machen Hoffnung. Auch wenn modernen Diagnostik- und Behandlungsmethoden für Angelika leider zu spät kamen.

Was können wir wirklich tun? Gemessen an dem, was qualitativ und quantitativ im Kampf gegen die Krankheit seitens

Medizinern, Fachleuten der Naturheilkunde und uns selbst eingesetzt wurde, war die Erfolgsbilanz niederschmetternd. Ich war nie ein Verfechter des Determinismus, der das Programm für unser Leben festschreibt – mit allen guten und schlechten Erfahrungen. Ich war immer überzeugt, dass wir die Freiheit des Handelns und der Selbstbestimmung haben und unsere Geschicke beeinflussen können. Die Leidensjahre meiner Frau haben von diesem Verständnis nicht mehr viel übriggelassen. An unserem Lebensdrehbuch schreiben schicksalstreibende Kräfte mit und die Macht des Unbewussten, wie die Tiefenpsychologie meint. Viele der Dramen und Tragödien, die wir erleben, sind sinnbefreit. Sie genügen ihrer eigenen Kausalität, ohne sich zu erklären. Allein das Forschungszeitfenster schreibt schon ein tragisches Kapitel. Vielversprechende Therapien und Medikamente sind relativ weit in der Produktreife, aber zum Teil noch nicht zugelassen. Sie setzen jedoch genau da an, wo das Mutationsdrama beginnt – bei den Zellaktivitäten. Zum Greifen nah und doch so weit entfernt. Für Patienten wie meine Frau waren sie unerreichbar und damit zerschlug sich eine weitere, allerdings reelle Chance auf Heilung. Die Summe an Frustrationen überschritt die Grenze des Zumutbaren. Am Ende erschien es uns, als laufe ein festgeschriebenes Programm ab. Wegzappen unmöglich. Es liegt in der Natur des Menschen, Schicksalsschläge verstehen zu wollen. Vielleicht gehen uns ja wirklich erst im Jenseits die Augen auf. Das aber ist ein schwacher Trost. Denn das Leben ist hier und jetzt. Als Schmied unseres Glücks, wie es so schön heißt, können wir das Beste aus unserem Leben machen, vorausgesetzt, es funkt uns nicht ein dummer Zufall dazwischen, oder es hat jemand ein Interesse daran, uns auf dem Erfolgsweg zu boykottieren. Wir können unser Schicksal aber auch herausfordern. Ungesunder Lebensstil, ungeschützter Sex, bei Rot über die Ampel gehen, siebzig Burger in fünf Minuten für einen Rekord im Guinness-

Buch verschlingen. Wir können uns gesund ernähren, zu jeder Vorsorgeuntersuchung gehen und Fitness machen, eine Garantie auf eine schicksalsfreie Fahrt durchs Leben ist das nicht. Darüber gibt es die unglaublichsten Geschichten. Durchtrainierte Sportler, die tot umfallen, oder Gesundheitsapostel, die an Herz-Kreislauf-Versagen oder Krebs sterben[24]. Fakt ist: Der Zufall kennt kein Ansehen der Person. Wen es erwischen soll, den erwischt es. Vince Ebert nennt das biologisches Pech[25]. Fügt sich der Zufall am Ende unter eine höhere Ordnung? Ist also doch etwas wie eine Bestimmung im Spiel? Kommt unsere Zeit, wenn sie kommen soll?

Als Forrest Gump im gleichnamigen Film mit Tom Hanks in der Hauptrolle nach Hause spurtet, weil seine Mutter erkrankt ist, erhält er auf die Frage, warum seine Mama sterben muss, die Antwort: »Meine Zeit ist gekommen, Forrest.« Falls im Universum dieses Prinzip der »gekommenen Zeit« herrscht, drängt sich die Frage auf, wie eine Behandlung erfolgreich verlaufen kann, wenn die Lebenszeit bereits heruntergezählt wird. Und zwar im Minutentakt. Oder bleiben dies solange metaphysische Fragen, wie die moderne Medizin noch keine wirkungsvollen Medikamente für den breiten Markt anbieten kann? Ganz gleich, wer die Regieanweisungen gibt, selbst der Zufall muss eine Taktung haben, nach der er den einen beglückt und mit Fülle überhäuft und den anderen vernichtet. Nach den Resonanzgesetzen, Gleiches zieht Gleiches an, ist nichts zufällig. Holen wir uns also den Feind selber ins Haus? Ganz schön blöd! Menschen sind Komplexitätssysteme schreibt Vince Ebert in »Unberechenbar«. Die Antwort liegt vielleicht genau in den Vernetzungen dieser Komplexität. Immer wieder war die Rede davon, dass Angelika ihre Selbstheilungskräfte aktivieren und daran glauben müsse. Weil der Glaube bekanntlich Berge versetzt. Das erwies sich als höchst schwierig. Wenn alle Anzeichen auf Sturm stehen, der Tumor wütet und den

Patienten die Kraft verlässt – wie soll er dann noch gegen diese Brandung angehen? Manchmal stirbt die Hoffnung früher als zuletzt. Genau darin liegt die Grausamkeit der Dynamik, dass wir nicht wussten, ob die Anstrengungen überhaupt noch Sinn machen oder es an der Zeit ist, sich auf den letzten Reiseabschnitt dieses Lebens vorzubereiten: den bewussten Abschied voneinander.

Als Angelikas Krankheit immer biestiger und unbarmherziger wurde, nahm das Verstehen-Wollen fast zwanghafte Züge an. »Warum?« war die permanent anwesende Frage. Warum musste ausgerechnet Angelika in diesen zerstörerischen Schlund hineingezogen werden? Warum konnte nichts, aber auch gar nichts, Linderung und Heilung bewirken? Vielleicht braucht man sieben Leben, um eines mit allen seinen Höhen und Tiefen zu verstehen. Ist es nicht immer die Erfahrung, die uns klüger werden lässt? So wie Experimente Aufschluss geben? Was war der Irrtum in unserer Lebensweise und unseren Entscheidungen? Wie würde ich heute handeln, wäre ich in der gleichen Situation?

Ähnlich wie in Kleists Marionettentheater war es unser Wunsch, zurück zum Ursprung dessen zu gehen, der diese Krankheit in Bewegung setzte, und den Entscheider bitten zu können, es sich anders zu überlegen: pro Vita! Leider bloß die Poesie des Herzens[26], wie es Hegel ausdrückt, die der Prosa der Vergänglichkeit in Form einer tödlichen Krankheit gegenüberstand. Das Glück und die Zeit schlagen ihre Zelte gerne woanders auf. Oftmals dort, wo wir gerade nicht sind und wo sie Statistik und Kalkül außer Kraft setzen. Im Herrschaftsbereich des Zufalls, der, und anders ist es nicht zu erklären, Kausalitäten in Bewegung setzt, die aus Sicht von Vorsorge, Sport, gesundem Leben, eigentlich nicht passieren dürften, sich aber doch ereignen, ist alles möglich. Auch das Irrationale. Fehlen Antworten, sucht man da, wo sie zu finden sind. In

Büchern, Gesprächen oder bei medial befähigten Menschen, die mit der göttlichen Quelle in Verbindung stehen oder es zumindest behaupten. Die Informationen, die man bei Letzteren erhält, zielen auuff vergangene Leben. Das grenzt dann schon an Science-Fiction. Lieber wäre mir ein Zurück-in-die-Zukunft-Effekt gewesen. Zurück ins Jahr 2005, statt Biopsie ein Infrarot-Screening und ein Genexpressionstest. Über die Verwertbarkeit der Informationen aus der esoterischen Szene muss jeder selber entscheiden. Jedenfalls folgen sie einer völlig anderen Philosophie von Wirklichkeit, unterlegt mit einem gewöhnungsbedürftigen Jargon – das ist nichts für jeden. Doch es liegt in der Natur der Sache (des Verstehens), dass »die Bewegung des Verstehens eine umfassende und universale ist«, wie der Philosoph Hans-Georg Gadamer über die Wahrheit schrieb.[27] Um diesen ganzheitlich-universellen Aspekt haben wir alle drei gekämpft. Über Jahre und Monate. Es war, als ob man den Auslöser wie ein Ding zu packen kriegen wollte, um ihm ins Angesicht schauen und sagen zu können: »Du also bist der Grund, die Ursache.« Könnte man den Gegner einmal aus der Anonymität herauslocken, hätte man endlich ein Gegenüber, eines mit dem man vielleicht verhandeln und ins Reine kommen kann. Das sich versöhnlich und gnädig stimmen lässt, das mit einem kommuniziert. Doch dies war nicht so. Es zeigte nicht sein Gesicht, es hielt sich im Hintergrund wie eine Schattenfigur. Ein unheimliches Wesen, das seinen Killerauftrag mit aller Präzision durchführte. Waren die Jahre des Überlebens mit der Krankheit ein Aschub oder waren es geschenkte Jahre? Viel zu viele Gedanken für jemanden, der trauert. Doch ich konnte sie nicht abstellen. Sie waren nun einmal da. An diesem Scheidepunkt, wo einem Menschen das Geschenk des Lebens wieder entzogen wird, viel zu früh, schmerzhaft und grausam, ist die Suche nach sinnvollen Antworten eine der sinnlosesten Beschäftigungen.

Der Himmel schweigt zu allem. Soll er ruhig. Er muss sich nicht wundern, wenn ihm die Menschen den Rücken kehren.

Wir haben lange und intensiv Ursachen und Seelenforschung betrieben. Und irgendwann kommt man in diese selbstreflektorische Zone, wo man sich die Frage nach dem eigenen Versagen und der Schuld stellt. Wer leidet, empfindet nicht nur ein Gefühl narzisstischer Kränkung, sondern auch von Bestrafung. Du fühlst dich nicht mehr zugehörig zur Gruppe der gesunden Bevölkerung. Der Makel der biologischen Natur grenzt dich aus, er schränkt deine Vitalität ein. Du bist ein medizinischer Fall für Spezialisten. Das Portfolio an involvierten Fachärzten und medizinischen Fachkräften ist enorm: Schmerztherapeut, Onkologe, Internist, Gynäkologe, Labormediziner, Chirurg, Radiologe, Physiotherapeuten. Schuldig gebliebene Antworten kränken Patienten und Angehörige. Ein Blitz schlägt in dein Leben ein, ohne Vorankündigung, ohne Erklärung. Dieses kolonialistische Verhalten der Natur konnte ich schwer ertragen. Das ist glatte Liebesverweigerung. Hinführungen zur Welt, so wie wir es von klein auf durch Familie und Sozialisation gewohnt waren, als man uns das Leben, die Dinge und Zusammenhänge erklärte, dieses Ur-Gefühl der Geborgenheit und des Angenommen-Seins, bricht weg wie eine Lawine und überrollt dich emotional. In der akuten Phase denkst du so etwas nicht. Da bist du viel zu beschäftigt mit der Pflege, dem Mut machen und dem Alltagsmanagement. Aber du spürst diese Gefühle und Fragen bei deiner Frau, wenn du sie in den Armen hältst, sie tröstest, ihr gut zuredest und ihr die Tränen die Wangen herunterlaufen, weil die Seele schmerzt und die Wunde brennt. Du spürst es hinterher, in der Trauerarbeit, in den Wochen nach ihrem Tod, wenn diese Flashbacks dich überfallen und alles in dir aufwühlen. Die Erinnerungen an die vitale Angelika, aus der ein geschundener Mensch wurde, der nur noch auf allen vieren kriecht. An die zahlreichen Arztbesuche, Klinikaufenthalte, die Gespräche mit ihr, in den dunklen Stunden. Du begreifst es nicht. Noch immer suche ich nach Antworten. »Glaub unsereinem, dies Ganze ist nur für einen Gott gemacht!«[28], entgegnet Mephistopheles auf Fausts bohrende Fragen, was die Welt im Innersten zusammenhält. Wenn der Meister der Hölle schon das Ganze nicht kapiert, wer dann?! Es ist furchtbar, wenn einem Menschen das Leben schrittweise entzogen wird und ihn dann noch der bürokratische Pflegewahnsinn quält. Das zahlen wir und das nicht. Die vielen kleinen und großen Handgriffe, die notwendig waren, wie Brotschneiden, die Treppe hinaufhelfen, Knöpfe zumachen, weil der geschwollene Arm durch die gestaute Lymphflüssigkeit dazu nicht mehr fähig war, die standen nicht im Pflegekatalog der Kassen. Du wirst in eine Ecke des Lebens gedonnert, die einer Resterampe gleicht. Sterben und Tod haben in unserer Gesellschaft keinen angemessenen sozialen Platz. Entweder krepierst du in irgendeinem heruntergekommenen Pflegeheim, weil du dir nicht mehr leisten kannst, oder du kannst dir den Upgrade-Service leisten – allein bist du dennoch. Und dem Tod entkommst du nicht, egal wie schmuddelig oder schick das Ambiente ist.

Nichts passt Angelika mehr. Der Rücken von Metastasen deformiert, sie ist abgemagert auf 47 Kilogramm. Eine passende Hose oder ein Top zu finden, geht nur mit Kompromissen bei den üblichen Größen, bei Schnitt und Passform. Es ist verletzend, dass ein Mensch, der eh schon in Mitleidenschaft gezogen ist, sich auch noch beim Shoppen demütigen lassen muss. Die Botschaft tut weh. »Du passt mit deiner Krankheit nicht mehr in das, was die Norm ist.« Es trifft mich hart, ich kann meine Tränen nur schwer zurückhalten. Die Krankheit nimmt sich alles. Auch die letzten Nischen von Lebensfreude besetzt sie unnachgiebig. Eine Frau, die sich keine schönen

Sachen mehr kaufen kann, weil ihre Figur nicht mehr dafür gemacht ist. Weil der Krebs ihr gesamtes Relief verbogen hat. Ein unübersehbares Zeichen für seine Anwesenheit in diesem einst so lebendigen und unternehmungslustigen Körper. Nein, er gönnt ihr nicht einmal mehr die Würde, ihn vor der Außenwelt zu verstecken. Oder sich in schönen Kleidern vor ihm zu verbergen. Von der Welt noch ein paar liebevolle Blicke erheischen, anerkennende, gütige Blicke. Ausdruck dafür, dass man noch dazugehört, unter den Lebenden weilen darf. Momente, die mich unsagbar traurig machen. Mode, denke ich in diesem Moment, gibt es nur für Gesunde.

Eine böse, gemeine Krankheit, ein ungerechtes Leben. Wie bitte sollen wir dem Leben vertrauen können, wenn es solche heimtückischen Pläne gegen uns ausheckt? Oder uns solche brutalen Gegner ins Feld stellt, gegen die wir keine Chance haben. In der Familie baust du eine Firewall auf, du willst mit aller Macht den Leidenden beschützen, ihn vor Schmerzen und Leiden bewahren, sie abblocken. Du tust alles, um deiner kranken Frau ein Gefühl von Würde, von Dazugehören, von Liebe zu geben. Du verhältst dich wie ein Adler, der seine Flügel über ihr ausbreiten möchte, schützend. Du mobilisierst alle Kräfte gegen den unheimlichen Feind. Redest ihr Mut zu, tröstest sie in den dunklen, schmerzhaften Stunden. Betest, bettelst und bestürmst den Himmel. Nichts. Er lässt es zu, er mischt sich da nicht ein. Keine Sprechstunde, für mich jedenfalls nicht. An diesem Tag, wie an vielen anderen. Krankheiten, die Anproben des Todes, schreibt Jules Renard. Treffend formuliert.

Angelika und ich waren uns nicht immer einig über die »richtige« Therapie. Wir zogen jede Option in Betracht, während die Zeit bereits gegen uns spielte. Mein Therapieverständnis fing an, sich mit dem Krankheitsverlauf zu verändern. Ich war mit meiner Geduld gegenüber diesem gemeinen Vernichtungskünstler am Ende. Ich wünschte mir eine harte Gangart. In meiner Wut und Ohnmacht plädierte ich für ein flächendeckendes, pharmakologisches Bombardement und schlug mich immer stärker auf die Seite der konventionellen Medizin. Vor allem in jenen Phasen, in denen das Tumorwachstum aggressiver und schneller voranschritt. Dieser Terrorpate breitete sich ungehindert aus. Er überschritt Grenzen, okkupierte Angelikas Körper, drang in unseren Geist und unser Zusammenleben ein. Die radikale Haltung in mir steigerte sich, eine, die auf Aggression mit massiver Gegenaggression antworten wollte, mit Chemo-Keulen und hoch dosierten Bestrahlungen und was es sonst noch gibt.

Die Killerzellen killen! Nicht mit sanften homöopathischen Dosierungen, sondern in einem Blitzkrieg. Ich war überzeugt, dass das Sanfte, Potenzierte nichts gegen einen Angreifer ausrichtet, der auf Zerstörungslust gepolt ist. Wo ringt denn sonst das Sanfte das Destruktive nieder? Wo triumphiert die Liebe über das Böse? Wie schlagen sich alternative Therapien auf diesem Feld der Gegensätze? Der Tumor beherrschte alles und nahm sich das Recht dazu, wie ich erst sehr viel später realisierte, aus einem verkorksten Datensatz innerhalb des Genoms meiner Frau. Darin gründete seine Macht und hütete gleichzeitig sein unantastbares Geheimnis. Das Alphabet des menschlichen Erbgutes besteht aus den vier Buchstaben der Basen Adenin (A), Thymin (T), Guanin (G) und Cytosin (C), die in 23 fast unendlich langen Buchstabenfolgen verschlüsselt sind.[29] Irgendwo innerhalb dieser 3 Milliarden Buchstaben gab es eine Gencodierung, die den Tumor in Marsch setzte. Brustkrebs ist die Folge eines Kopier- bzw. Codierungsfehlers, der zur Mutation führt. Buchstaben wurden vertauscht. Was kann da eine militaristische Aggression groß ausrichten?, fragte ich mich. Die Logik der Chemo ist die Zerstörung bösartiger Zellen und ein Cut im weiteren Wachstum. Leider reißt sie auch viele unschuldige Zellen mit ins Verderben. Entschlüsselung und eine Mutationsblockade wären die taktisch klügere Strategie. Doch so weit sind die Therapien noch nicht ausgereift. Bei vielen Patienten gelingt es zwar, den Feind auszuschalten und den Multiplikationseffekt der Zellmutationen mit einer Strahlen- und Chemotherapie zu stoppen. Doch die Zukunft der Krebstherapien liegt in Daten und Decodierungen. Daten sind das Gold des digitalen Zeitalters. Wenn wir Schadstoffsoftware gegen Viren, Trojaner und Spyware auf Rechnern installieren können, wieso sollte es nicht möglich sein, biologisch-codebasierte Präventivtherapien für den Kampf gegen den Krebs zu entwickeln? Und das möglichst bald. Ich rufe mir die Statistik der konventionellen Krebstherapie in Erinnerung. Ich kann den tragischen Ausgang der schulmedizinischen Behandlung meiner Frau weder als Bestätigung dieser Statistik noch als Infragestellung der Effektivität von »Stahl, Strahl und Chemo« heranziehen. Es bleibt zu wünschen, dass die ENCODE-Forschung (Encyclopedia of DNA Elements), eine Art Rasterfahndung und Datenbank für die DNA Zehntausender Tumore, zeitnah zu Schlüssellösungen für die individuelle Krebstherapie führt.[30]

Abschied von einer wunderbaren Frau

»Austherapiert«, wie der betreuende Onkologe meinte. Angelika wird auf die Palliativstation verlegt. Ein sehr schönes Zimmer, angenehme Atmosphäre, die aber nicht über den Ernst der Lage hinwegtäuschen kann. Angelika schläft oder dämmert immer wieder weg. Ihr Körper signalisiert die Bereitschaft, sich zu ergeben. Wir richten uns auf das ein, was man wohl Sterbebegleitung nennt. Die Ärztin meint, es wird noch ein paar Tage dauern. Höchstens zwei, ist mein Gedanke. Leider sollte ich Recht behalten. Ich muss einen Schalter in meinem

Kopf umstellen, den bohrenden Gedanken zulassen, dass es für meine Frau wohl kein Zurück mehr gibt in dieses wilde, verrückte, schöne Leben. In den Augen meiner Tochter sehe ich eine tiefe Traurigkeit mit einem Funken Resthoffnung. Sie verdrängt das sich abzeichnende Unvermeidliche. Mir wird angst und bange. »So werden wir also auseinandergerissen«, sagte Angelika noch in einem der letzten hellwachen Momente, bevor sie von der onkologischen Station hierher verlegt wurde. Ich reagierte nicht darauf, fegte die Worte aus meinen Ohren, ließ sie unkommentiert vorbeiziehen und klinkte mich in die Geschäftigkeit rund um die Verlegung ein.

Wir regeln mit ihr die lange beiseite geschobene Patientenverfügung, solange sie bei Bewusstsein ist. Ein furchtbarer Vorgang. Wir können noch einen Tag mit Angelika verbringen mit einigen Momenten, in denen sie bewusst anwesend ist. Ich rufe Freunde und Verwandte an, damit sie sich noch verabschieden können. Ein knappes Rennen. Viele schaffen es nicht mehr.

Ihr Zustand verschlechtert sich. Sie hat starke Schmerzen, ist kaum noch ansprechbar. Der Prozess des Loslassens beansprucht sie mit Leib und Seele und allen noch verfügbaren Restkräften. Sie kann nicht mehr sprechen, dämmert immer mehr weg. Wir wachen bei ihr, fangen jeden Moment des Blickkontaktes und jeden Satz dankbar auf, erwidern ihn, dass sie spüren kann, wir sind da, bei ihr. Es wird Zeit, den Seelsorger für die Krankensalbung zu holen. Der Tod wirft unübersehbar seinen Schatten voraus. Ich spreche mit der Pfarrerin, sie möchte etwas zum Menschen Angelika wissen. Kurzes Briefing auf dem Flur, immer wieder von tiefer Traurigkeit und Tränenausbrüchen unterbrochen. Die Krankensalbung hatte etwas Heiliges und Würdevolles, aber auch Zynisches. Als ob Gott einen Schlussstrich unter Angelikas Leben zieht. Das soll es jetzt also gewesen sein?

Nach 18 Stunden Wachen, Beten und Sterbebegleitung hat Angelika sich am 11. Juli um fünf Uhr morgens in das unausweichliche Ende ergeben. Die Vögel zwitschern fröhlich in den Tag hinein. Eine unheimliche Stille im Zimmer. Angelika völlig entspannt, alle Anstrengungen sind aus ihrem Gesicht gewichen. Frieden hat sich ausgebreitet. Wir schluchzen, weinen und versuchen zu realisieren, dass wir niemals mehr ihre Stimme hören werden oder ihr Lachen, dass ein Leben sich in einem Nichts aufgelöst hat. Wir nehmen Abschied, küssen sie ein letztes Mal und gehen aus dem Zimmer, in dem Leben und Tod sich vor zwei Stunden begegnet sind.

Eine eigenartige Energie, dieser Tod. So schweigsam, so unheimlich friedlich, denke ich während des Abschieds. Ja, jetzt ist er es. In den Monaten davor allerdings zeigte er ein völlig anderes Gesicht. Da hat er sich mit aller Macht und allen Mitteln sein Recht auf diesen Menschen erstritten, nein, er hat es durchgeboxt. Gegen alle Verteidigungslinien und Zellgifte, die ihm die Ärzte in den Weg stellten. Gegen alles Beten und jede Selbstmotivation hat er seinen eisenharten Willen durchgesetzt.

Was ist der Tod?, frage ich mich. Medizinisch gesehen, ist er eingetreten. Ich stutze bei der Doppeldeutigkeit des Wortes »eingetreten«. Das ist er tatsächlich. In Angelikas Leben, indem er es beendete. In unseres, indem er genommen hat, was uns Erfüllung gab. Er selbst macht sich dabei nicht die Hände schmutzig, das überlässt er seinen Totengräbern, in unserem Fall den Tumorzellen. Er selbst ist die Exekutive eines zellevolutionären Vorgangs, der beschlossen hatte, einen Organismus abzustellen.

Der Tod ist der staubtrockene Verwaltungsbeamte des Sterbens. Zuständig für die Urkunde, den Totenschein, den ich Behörden und Institutionen vorlegen muss, um etwa der Telekom glaubhaft versichern zu können, dass ihre Rechnung bitte künftig allein auf meinen Namen ausgestellt wird. Natürlich der Versicherung, die sich versichern muss, dass eine fällige Zahlung rechtens ist.

Niemals zuvor in meinem Leben war ich so unmittelbar mit dem Sterben konfrontiert worden wie bei meiner Frau. Unmittelbar insofern, als ich den gesamten Prozess miterlebte. Ab dem Augenblick, wo die Diagnose gestellt wurde, der Tumor mit der Zeit Fahrt aufnahm und bis zu dem Moment, als nach dem Leber- und Nierenversagen das wichtigste Organ bei Angelika starb, ihr Herz. Manchmal denke ich, es hörte schon früher auf zu schlagen. Als sie spürte, dass die Behandlungen nicht anschlagen und die Entscheidung über ihr Leben gefallen war. Getroffen von einer Instanz, die über aller menschlichen Rationalität steht und dem Können der Medizin.

Ab einem gewissen Zeitpunkt spürte ich den Tod herannahen. Als Ahnung einer unwirklichen, kaum beschreibbaren Energie. In den letzten Stunden, in denen wir Angelika begleiteten, fühlte ich eine innige Verbundenheit mit ihr und zugleich spürte ich, wie eine unendliche Distanz sich zwischen uns stellte. Angelika war da, aber auch schon unterwegs dahin, wo es die Seele hinzieht. Eingebunden in ein intensives Sich-aus-dem-Leben-Herauslösen, um hinüberzugleiten in etwas Unaussprechliches. In eine andere Welt – die Ewigkeit?! Später lese ich in dem Buch »Über das Sterben« des Palliativmediziners Gian Domenico Borasio etwas über die Parallelen zwischen Geburt und Sterben. Ich erinnere mich, wie Angelika bei der Geburt unserer Tochter »arbeiten« musste und wie schmerzhaft die Wehen für sie waren. Jetzt musste sie mit körperlichen und wahrscheinlich auch seelischen Schmerzen sich aus diesem Leben herauspressen. So kam es mir vor. »Geburt und Tod sind beides physiologische Vorgänge, für welche die Natur Vorkehrungen getroffen hat, damit sie möglichst gut verlaufen.« Beim Abschnitt über die Embryonalentwicklung komme ich ein wenig ins Staunen: »Neue Zellen werden während des Wachstums und der Differenzierung der Organe im Überschuss gebildet und konkurrieren dann miteinander um eine beschränkte Menge von Wachstumsfaktoren. Diejenigen Zellen, die keinen Zugang zum Wachstumsfaktor bekommen, sterben – aber nicht einfach so: Sie schalten regelrechte Selbsttötungsgene an und bringen sich selbst, zum Wohle des Ganzen, damit aktiv um. Das tun sie in einer Weise, die für den Organismus am wenigsten schädlich ist – durch eine Art Zellimplosion, welche die potentiell schädliche Freisetzung von Zellinhalt verhindert und das Abräumen der Zellreste durch spezielle Immunzellen (die Müllabfuhr des Körpers sozusagen) erleichtert.«[31] Die mutierten Tumorzellen tun genau das Gegenteil, nämlich alles, um sich selbst nicht zu töten oder getötet zu werden. Eine Art Selbsterhaltung gegen den Organismus. Und auf Kosten des Lebens.

Beim Verlassen der Klinik lese ich im Vorbeigehen »Portugal ist Europameister«. Ronaldo in tränenaufgelöster Pose abgelichtet, »Er schämt sich seiner Tränen nicht.« Freude und Trauer so dicht beieinander. Tränen haben eine merkwürdige Doppelfunktion.

Die Fahrt nach Hause – ein einziges Wehklagen. Nach 30 Kilometern ist es damit vorbei. Wir müssen mit dem Bestatter das Formelle klären. Abholen meiner Frau aus der Klinik, Regelung der Bestattung und so weiter. Grotesk, wie einen der Tod auf Trab halten kann. Zu Angelikas Lebzeiten hatten wir das noch nicht klären können, ob Erd- oder Feuerbestattung. Wir entscheiden uns für die klassische Beerdigung. Soll der Krebs ruhig langsam ersticken da unten. Ich hatte auch persönlich etwas gegen eine Urne, die in diesen schubladenartigen Wandschränken verschwindet. Am Grab ist der Fokus klarer, ein gesenkter Blick, kein Starren auf eine Wand im Breitbildformat mit den Inschriften vieler Verstorbener. Die Nutzung kleinster Bauflächen für ein Maximum an Wohneinheiten findet sich auch hier in makabrer Weise wieder. Ich wusste, was mich beim Bestatter erwartet. Das hatte ich schon für meine Eltern regeln müssen. Allerdings, den Sarg für meine eigene Frau aussuchen, das sprengte die Grenzen meiner emotionalen Belastbarkeit.

Wir brachten diesen Besuch irgendwie hinter uns. Genauso wie die Tage bis zur Beisetzung. Ich weiß nicht, ob man einen Gerechtigkeitsbonus oder Guter-Mensch-Bonus einfordern kann. Ich finde, dass Angelika diese Krankheit nicht verdient hat und viel zu früh sterben musste. »Im Herzen steckt der Mensch, nicht im Kopf«, schreibt Arthur Schopenhauer. Mein Herz rebellierte gegen das Geschehene. Angelika dagegen hatte einige Wochen vor ihrem Tod ihren Frieden mit der Situation und Krankheit geschlossen. Sie bereitete sich auf ihr Ende vor, wie mir klarwurde. Ein Glanz ging von ihr aus, ein Frieden in der letzten Zeit. Sie schien etwas zu erleben, was uns verschlossen blieb. Eine tiefe Intimität mit einer inneren Kraft. Der Mystiker Johannes vom Kreuz (1542–1591) beschreibt es als Unio Mystica, die Vereinigung von Gott und Mensch. Man muss es wohl erleben, um es zu verstehen. Vielleicht gibt es doch eine metaphysische Erfahrungsebene, nicht im Außen, sondern in uns.

Vorbesprechung mit der Pfarrerin. Ich ziehe die Biografie meiner Frau mit lebhaften Bildern auf. »Unter jedem Grabstein liegt eine Weltgeschichte.« Ein Heinrich-Heine-Zitat, das mir im Trauergespräch mit der Pfarrerin einfällt. Angelika hat zwar keine Weltgeschichte geschrieben, dafür unzählige Kapitel einer Herzensgeschichte. Im Gespräch zur Vorbereitung auf die Trauerfeier wird Angelika wieder so lebendig für mich. Bilder rauschen durch meinen Kopf, Erinnerungen an außergewöhnliche und alltägliche Erfahrungen. Unsere Schlittenfahrt vom Kleinen Matterhorn hinunter ins Tal. Die erste Begegnung und wie der Funken übersprang. Unsere standesamtliche Trauung, die Geburt unserer Tochter. Ich erinnerte mich, wie bei Angelika die Fruchtblase mitten in der Nacht platzte und sie noch anfing, in aller Seelenruhe ein paar Dinge zusammenzupacken, von den einsetzenden Wehen immer wieder unterbrochen, während ich schon in Panik geriet. Zwanzig Minuten bis zur Klinik. Das könnte knapp werden. Wir haben es aber gerade noch geschafft. Unser erster Urlaub zu dritt in Holland. Angelika immer auf Muschelsuche. Die Natur begeisterte sie. Entsprechend sah unser Garten aus. Reise in die USA während des Studiums, sie abenteuerlustig und fasziniert von den Canyons. Ihr berufliches Engagement und die Hingabe an ihre therapeutische Arbeit.

Sie konnte wunderbar auf Menschen zugehen und mit ihrem Charme für sich gewinnen. Menschen, die sie im Krankenhaus besuchten, empfanden die Zeit bei ihr als eine Wohltat. Angelika hätte trotz allen Unwohlseins etwas Wunderbares ausgestrahlt. Ich denke, es lag auch an ihrer Liebe zum Spirituellen. Daraus schöpfte sie Kraft und die Bereitschaft, anzunehmen, was ist. Das war ihre Grundhaltung, mit dem Herzen anzunehmen, was im Leben auf sie zukam. Während ich zu Dramatisierungen, Vorwürfen und Rebellion neigte, hielt Angelika es wie der Kleine Prinz: »Man sieht nur mit dem Herzen gut.«[32] Sie war von Anfang an bereit, diese Krankheit nicht als einen Fremdkörper, sondern ganzheitlich zu betrachten: »Was willst du mir über mein Leben sagen? Was macht dich so wütend, dass du mich angreifst.«

Das hatte etwas Heldenhaftes, etwas sehr Starkes. Aber wie bei allen Helden in Märchen, Sagen und Religionen, durchlebte Angelika auch dunkle Nächte voller Zweifel, Angst und Wut über das, was ihr zugemutet wurde. Gerade dann, wenn die Schmerzen oder Folgen der Chemo nicht mehr auszuhalten waren. Wut und Enttäuschung auch darüber, dass sie ihr

Ziel nicht erreichen konnte – den Tumor mit allen zur Verfügung stehenden »sanften« Mitteln zu besiegen. Sie war davon überzeugt, dass eine »aggressive« onkologische Therapie allein nicht helfe. Das aus der Ordnung Geschlagene müsse man mit den Mitteln der Liebe heilen. Entsprechend breit legte sie das Therapiespektrum an. Alles unterlegt mit Gebeten, Meditation und einem 360°-Grad-Blickwinkel. Nie eine Möglichkeit ausschließend, die als weiteres Glied in die therapeutische Kette passte. Bis hin zu ihrer Reise zu den Kahunas, den hawaiianischen Heilern.

Was wahre Helden auszeichnet? Sie wüten nicht bei einer Niederlage, sie erkennen sie an. Angelika schien ab einem bestimmten Zeitpunkt genau zu spüren, dass ihre Heldenreise sich dem Ziel näherte. Jedoch einem anderen, als von ihr angesteuert. Auch wenn sie aus meiner Sicht genügend Gründe gehabt hätte, dem Regisseur ihres Lebens den Mittelfinger zu zeigen, sie tat es nicht.

Sie war bereit, auch den letzten Part dieses »miesen Drehbuchs« abzuspulen. Sie war nicht der Typ, der die vielen Schicksalsschläge in ihrem Leben, die Angriffe aus der eigenen Familie, Neidattacken in ihrem Beruf und sonstiges zu addieren und die Schlussrechnung auf den göttlichen Tresen zu knallen. Das sind eher die Parts, die ich liebe. Sie entschied sich, diese letzte Rolle mit Würde, Hingabe und dem Herzen zu spielen. In einem Wissen, das ihr ein zartes Lächeln und einen wunderbar friedvollen Ausdruck ins Angesicht zauberte. Was sie so strahlen ließ, konnte sie uns nicht mehr mitteilen. Jede Heldenreise hat ihr Geheimnis. Das Kurzprofil über den Menschen Angelika, das die Pfarrerin für die Trauerfeier vorbereitete, transportierte diese Haltung und gab eine schöne Erinnerung mit auf den Weg. Ich sprach mit der Pfarrerin über meine innere Zerrissenheit und Zweifel an der Gerechtigkeit. Sie erinnerte an Luthers These vom gebrochenen Menschen.

Wir seien zugleich göttliche und menschliche Wesen. »Wie eine bipolare Störung«, denke ich gehässig. Ich bin irritiert. »Bittet, so wird euch gegeben«, sagt Jesus. Habe ich. Passiert ist nichts. Wie wörtlich können wir solche Aussagen nehmen? Oder ist das ein Fall für Fachleute der Exegese? Oder Schleichwerbung?

Diese Momente der Verwirrung und Verunsicherung haben etwas Wahnsinniges an sich. Weil da scheinbar nichts mehr ist, was dich trägt und hält. Die göttliche Verweigerung empfinde ich als Missachtung, die dem ohnehin zermürbten Seelen- und Geisteszustand einen weiteren Dämpfer verpasst. Aber vielleicht reite ich viel zu sehr auf dem herum, was Menschen schon immer von den Göttern forderten: Zeichen und Wunder. Egal, wir Menschen sind nun einmal so gestrickt, dass wir Erklärungen brauchen. Dass wir miteinander im Dialog und Kontakt leben. Umso unverständlicher ist es, wenn der »unbewegte Beweger« (Aristoteles) sich da herausnimmt. Erst später kam mir der Gedanke, wie das gehen kann, wenn das göttliche Bewusstsein nichts mit dem menschlichen gemein hat? Haben wir dann nicht ein grundsätzliches Kommunikationsproblem?

Kuriosität am Grab. 15. Juli 2017. Da stehen wir nun, an einem 2,20 Meter tiefen, ausgehobenen Grab. Die Bestatter lassen den Sarg hinuntergleiten. Er kommt schief auf. Meine Tochter und ich schauen uns an, schmunzelnd. Angelika liebte die Akkuratesse. Sie hätte das sicherlich gerne geradegerückt. Genauso wie diese Krankheit. Ein bisschen Humor in dieser so tieftraurigen Situation. Das also ist der letzte Blick auf den Ort, der sie in wenigen Augenblicken von uns nehmen und an sich drücken wird. Die Mutter Erde, ein tiefes, feuchtes, dunkles Loch, das bald bis ein Meter über dem Grab zugeschaufelt sein wird. Undurchdringbarer Erdboden, der uns von ihr abschneidet und bleibende Distanz schafft. Wenn schon der Himmel nichts ausrichten konnte oder wollte, dann soll Mutter Erde diese mörderische Krankheit unter sich begraben. Hier müssen sich endlich die Killerzellen geschlagen geben und vor den Massen der sie bedeckenden Grabeserde kapitulieren. Ein zynisches Ende. Auch ein gerechtes?

In vor- und frühgeschichtlichen Kulturen gab es das Beigabenbrauchtum. Dem Verstorbenen wurden persönliche Dinge mit ins Grab gegeben, damit er sich in der jenseitigen Welt zurecht und die Seele ihren Weg findet. Ich ließ in Angelikas Sarg einen Liebesbrief legen und meine Tochter das Stofftier, das sie in allen Krankenhausaufenthalten bei sich hatte. Das war die letzte Nähe, die wir ihr über diese Beigaben geben konnten. An den Inhalt meines Briefes kann ich mich nicht mehr erinnern. Ich hatte ihn in einem Gefühl von surrealer Wahrnehmung geschrieben. Die obligatorische Zusammenkunft der Trauergemeinde. Ein heiteres, traurig-schönes Beisammensein, ein Austausch von Erinnerungen und Respekt für einen geliebten Menschen, den viele vermissen werden und dessen Tod sie beklagen. Kollektive Trauer und geteilter Schmerz – Angelika, du wurdest von vielen Menschen geliebt. Das tröstet uns.

Der Gang nach Hause, dorthin, wo wir 25 Jahre gemeinsam lebten. Der erste Zusammenbruch. Ich lege mich in ihr Bett, wo wir so viele Gespräche, Augenblicke der Nähe und des Schmerzteilens verbracht hatten. Die Trauer bricht wie eine Sturmflut aus mir heraus. Noch ihre Energie spürend und gleichzeitig ihre Unerreichbarkeit. Der Wunsch nach Kontakt, einem Gespräch, was sonst so selbstverständlich gegenwärtig war und erfüllt werden konnte, läuft ins Leere. Es zerreißt mich. Das Abhören ihrer gespeicherten SMS- und WhatsApp-Sprachnachrichten wird die einzige »lebendige« Verbindung in den nächsten Monaten für mich sein. Ihre Stimme hören, mich erinnern, sie ein bisschen spüren können, tröstend und herzzerreißend zugleich.

Kapitel vier

Dem Leben in die Fresse hauen

Wenn es scheiße läuft, dann aber richtig

Murphys Gesetz besagt, dass alles, was schiefgehen kann, auch schiefgehen wird. Er bezog diese Aussage auf geschlossene Systeme und Versuchsanordnungen. Anders gesagt: Ist in einer Versuchsanordnung der Wurm drin, wird es das gesamte Konstrukt bzw. Experiment in der Katastrophe enden lassen. Populärwissenschaftlich wird Murphys Gesetz in die Richtung gedreht, dass ein »Unglück selten allein kommt«. Die sogenannte Pannenserie. Mit dem Konzept der »Selbsterfüllenden Prophezeiung« sprach der amerikanische Soziologe Robert K. Merton kognitive Mechanismen an, über die der Mensch in der Regel meist negative Erwartungen realisiert. Die Strömung des »positiven Denkens«, wie sie etwa die Unity Church[33] ins Leben gerufen hat und bis in unsere Tage zahllose Epigonen fand, sieht sich dazu befähigt, solche Muster aufzulösen und das eigene Leben erfolgreich zu gestalten. Ob sich damit allerdings Ereignisse außen vorhalten lassen, mit denen man nie gerechnet hat, ist fraglich.

Ich bin mir darüber nicht im Klaren, wie ich das nächste »Negativereignis« kurz nach Angelikas Beerdigung deuten soll. Zwei Wochen war es her, dass wir ihr das letzte Geleit gaben. Der Alltag drängt sich wieder in mein Leben. Ich gebe ihm nach, beziehungsweise zieht er mich ohne Rücksicht auf meine Trauer und schneller, als es mir lieb ist, in sein absurdes Spiel hinein.

Die Ökonomie hat das Sagen, nicht die Trauer. Projekte warten auf mich. Doch ich komme noch nicht in der Wirklichkeit an. Was soll der ganze Mist noch. Ich fühle mich emotional halbiert. Meine Arbeit hat ihren Zielbezug verloren. All die Jahre ging es um uns, um unser gemeinsames Zuhause. Jetzt ist das nicht mehr da. Eine erdrückende Stille empfängt mich am Abend. Sie schreit mich förmlich an. »Du bist allein.« Bald spüre ich, wie mir die Luft ausgeht. Die Trauer fordert ihren Raum, den ich ihr aus beruflichen Zwängen nicht hinreichend gebe. Ich will meine Kunden nicht länger warten lassen und Projekte weiter hinausschieben. Ich werde kurzatmiger. Der Arzt kann nichts feststellen. Zwei Tage später schrecke ich nachts hoch. Massive Atemnot, Notruf. Die Sanis treffen zuerst ein. Unterschätzen die Situation, denken, ich hätte einen hysterischen Anfall. Ich werde ohnmächtig, endlich geben sie mir Sauerstoff. Doch die Panikattacken halten an. Erstickungsängste. Nach zwanzig Minuten kommt endlich der Notarzt; sieben bis zehn Minuten sind eigentlich die Vorschrift. Er ahnt die Ursache, die sich in der Klinik bestätigt. Lungenembolie, beidseitig. »Bitte, jetzt ich nicht auch noch, was soll denn aus meiner Tochter werden«, ist mein einziger Gedanke auf der Fahrt ins Klinikum. Ich setze ein kurzes Stoßgebet Richtung Universum ab.

Lande auf der Intensivstation, zum ersten Mal in meinem Leben. Nun liege ich in der Klinik, wo meine Frau vor drei Wochen verstarb. Ich werde gerettet, wo es für sie keine Rettung mehr gab. Eine merkwürdige Schicksalslogik. Es übermannt mich emotional.

War das göttliche Bewahrung oder ein Wink des Schicksals? Welche Kraft war hier am Werk? Oder hatte ich Glück im Pech? Als Pech würde ich eher ein Missgeschick der Art bezeichnen, wie es einer Frau auf einer Kunstausstellung passiert ist, die mit ihrem Hintern bei einer 230.000 Euro Kunstinstallation einen Dominoeffekt auslöste und es zerstörte.[34] Sie wollte mal schnell ein Selfie machen. Das neue Hans-Guck-in-die-Luft-Phänomen hat schon einigen Smartphone-Usern

Ärger eingebracht und im Jahr 2016 73 Menschen das Leben gekostet. Wie auch immer. Der Arzt im Klinikum erklärte mir, dass ich wahnsinnig viel Glück hatte. Ich fühle mich traurig und schuldig zugleich, weil das Angelika vorenthalten wurde.

Ich hatte also Glück, großes Glück sogar. Später wird aus Glück Bewahrung in meinem Denken. »Dein Schutzengel«, hätte Angelika jetzt gesagt. Sie war spirituell immer in ihrer Mitte. Auf der Station ein Tränenmeer, der Schmerz über den Verlust meiner Frau bricht sich Bahn. Gespräche mit dem Klinik-Pfarrer helfen, ein neuer Blick tut sich auf. Später erst. Jetzt durchlaufe ich die Untersuchungen. Nach acht Tagen reicht es mir, ich gehe, das Klinikum erdrückt mich mit schlimmen Erinnerungen. Dann ist es gut, aus dem emotionalen Feld herauszugehen.

Zorn auf Gott und die Welt

Wie bestellt und nicht abgeholt, so fühlte ich mich. Die ersten Wochen nach Angelikas Tod und der überstandenen Reha verbrachte ich in einer Art Dämmerzustand, als sei zwischen mich und meine Umwelt ein Schwarz-Weiß-Filter geschaltet worden. Meine Wahrnehmung war noch von den Emotionen und Erlebnissen überschattet. »Nun also bin ich allein, ein Witwer.« In mir tauchte ein Bild auf, das ich sonst mit diesem Begriff verband. Männer im fortgeschrittenen Alter, denen die Frau weggestorben war und die sich nun bis zu ihrem eigenen Lebensende irgendwie durchquälen. Ich dachte an meinen Vater, dem es in etwa so erging. Nach dem Tod meiner Mutter, mit der er 50 Jahre verheiratet war, war sein Lebenswille gebrochen. Seine Desorientierung nahm zu – Morbus Alzheimer schritt voran. Das Einzige, was uns im Alter bleibt, ist doch die Erinnerung – an unsere persönliche Lebensgeschichte, an unsere Kinder und die eigene Identität. Etwas in seinem Gehirnstoffwechsel aktivierte den Delete-Befehl und tilgte Teile dieser Informationen aus seiner neuronalen Datenbank. Immer mehr und immer schneller. Ich führte bisweilen Gespräche mit einem Fremden, in Gestalt meines Vaters. Ein Jahr nach meiner Mutter verstarb er. An einem gebrochenen Herzen.

Noch lange verfolgt mich dieses imaginäre Gefühl, als sei Angelika noch da. Die vertrauten Abläufe, Begegnungen und Gespräche haben die Atmosphäre im Haus geprägt. Die internalisierten Muster melden sich und beanspruchen Erfüllung. Gleich fragt sie dies oder braucht jenes, morgens bringe ich ihr das Frühstück als Grundlage für die vielen Tabletten, dann wechsele ich das Morphiumpflaster, helfe ihr beim Waschen, beim Anziehen der Thrombosestrümpfe – wer hat die bloß erfunden – und bringe sie abends zu Bett.

Die innere Uhr tickt, erinnert mich an die diversen Aufgaben und Erledigungen für sie, doch alles das entfällt ab jetzt, ist nur noch eine Erinnerung an ein gemeinsames Leben, das wir einmal hatten. Angelika ist nicht mehr da. Für immer weg. Ich kapsele mich ab. Halte mich fern. Von der Welt, vom Alltag, vom Leben. Quäle mich durch die Tage. Immer wieder überfällt mich die Trauer, ich heule los. Meine Umwelt kann schlecht damit umgehen. Ich auch, ich schäme mich. Irgendwie gelingt es mir, zu funktionieren, meinen Job zu machen. An der inneren Leere ändert das nichts. »Wie soll es jetzt weitergehen?«, war die ständig anwesende Frage nach einem Sinnkonzept, das auf die neuen Umstände umgeschrieben werden musste. Ich war zurückgeworfen auf mich selbst. Das Dasein und Engagement für meine Frau, das die letzten Jahre entscheidend geprägt hatte, war nicht mehr gefragt. Das konnte ich jetzt an der Garderobe für Alltagsbewältigung abgeben. Weniger Verantwortung, aber auch weniger Last? Keineswegs. Jeder Tag war für mich eine emotionale Grenzüberüberschreitung.

Ein Mich-Durchboxen durch Trauer und Verlustschmerz zum Anpacken der Aufgaben, die jeder Tag bereithielt. Manchmal rollten die Gefühle ungebremst wie eine Bowlingkugel auf mich zu und hauten mich aus der Spur. Mir war bewusst, dass ich anfangen musste, mich neu zu positionieren, so wie man es mit Marken, Designs oder Produkten macht, um ihre Wettbewerbsfähigkeit zu stärken. Meine Gedanken- und Gefühlsarchitektur hatte Risse bekommen. Ich brauchte eine neue Stabilität, einen neuen Zugriff auf das Leben und den Alltag. Davon war ich zwar noch etwas weit entfernt. Aber ich begann, die Baupläne gedanklich zu überarbeiten. Erst einmal musste ich den Schalter auf off stellen, der die Gefühle, Pflichten und das Bewusstsein für ein Leben in einer vertrauten Gemeinschaft noch im Arbeitsmodus hielt. Hier war ein Umbau nötig. Doch woher sollte ich die Schwungkraft für ein neues Lebensdesign nehmen, wenn alles in mir sich immer noch zurücksehnte: nach der Liebe meines Lebens.

Trauer gestaltet sich bei jedem individuell. Es gibt signifikante Elemente der Trauer, wie Nicht-wahrhaben-Wollen, Wut, Zorn, Loslassen und Neuanfang. Ich denke, wie jemand seine Trauer erlebt, das hängt auch ein Stück weit von seiner Persönlichkeit ab. In Anlehnung an die Persönlichkeitspsychologie habe ich von Natur aus eine melancholische Ader. Insofern wundert mich mein Faible für die Trauerklöße in Literatur und Philosophie nicht. Hinzu kommt das Lebensalter, in dem man ein traumatisches Erlebnis verarbeiten muss. In der Trauer um meine Frau mischt sich der Schmerz über die Uneinholbarkeit der verlorenen Zeit. Wie sonst als »verloren« soll ich die Jahre nennen, die bereits von meinem Zeitguthaben abgebucht wurden? In einer Geschwindigkeit, die ich rückblickend als rasend schnell bezeichnen muss. Dass mich das berührt, hat weniger mit Melancholie zu tun. Es ist das bewusste Erleben der Endlichkeit von Zeit. Man dehnt den Radius der Trauer auf das Leben im Allgemeinen und Besonderen. Ich denke an die Zeit mit Angelika, an unser gemeinsames Zeitkonto, über das wir verfügen durften. Wir hatten eine begrenzte Vollmacht darüber. Solange wir als Menschen darauf Zugriff haben, sollten wir die Zeit auskaufen. Und klug in sie investieren. Ich schätze diese lichtvollen Momente in der Trauer. Wenn es einem gelingt, hinter den quälenden Bildern von Krankheit und Sterben sich die wunderbaren Impressionen einer gemeinsamen Liebeszeit in Erinnerung zu rufen. In solchen Momenten spüre ich eine tiefe Dankbarkeit: »Es war schön mit dir.«

Es ist schon eine verrückte Zeit, diese Primärtrauer, wie ich die ersten Wochen nach dem Abschied von Angelika bezeichne. Nichts von der Welt wissen wollen, sich dem Schmerz ergeben, über die Sinnlosigkeit und Ungerechtigkeit dieser bekloppten Diva von Zufall klagen. Ich wollte mir dieses »stigmatisierte Dasein« vom Leib halten, diese böse, gemeine und hinterhältige Welt. Ich futterte mir einen Schutzpanzer an, fuhr meine Fitnessaktivitäten auf einen Sparmodus herunter. Der Welt den nackten Hintern zeigen, indem ich auf alles pfiff, was gesund und schön war. Ich verspürte Zorn auf diese launische Natur, die verlorenen Jahre an Lebensqualität, die Investition in trügerische Hoffnungen, das Beherrscht-Werden von dieser mordlustigen Krankheit. Zorn auf die katastrophale Bilanz der Anstrengungen und auf einen Schöpfer, der uns so vieles zugemutet hatte, um uns dann auch noch unbarmherzig in den Rücken zu fallen. Jetzt konnte ich zu allem Überdruss auch noch die Scherben meines Glaubens auffegen.

Im Gefolge des Zorns marschiert die Rache, die für erlittenes Unrecht, Kränkung oder Schmähung Vergeltung fordert. Sie ist die beste Therapie bei erlittener Kränkung[35]. Da bilden selbst die Götter keine Ausnahme. Die griechischen und römischen Sagen sind ein einziges Kapitel an mörderischen und rachsüchtigen Taten, aber auch an einzigartigen Liebes- und

Heldengeschichten. Und an einer mehr als verwinkelten Hierarchie. Moira nannten die Griechen die Schicksalsmacht, die hinter und über allem steht. Sie ist die Macht vor der Macht, das Schicksal vor den Schicksalen. Sie verteilt letztlich die Lose und Schicksale. Am besten halte ich mich von diesem transzendentalen Tohuwabohu fern.

Meine Rachegelüste richteten sich gegen die Illusionsprediger, die todkranke Menschen mit Hoffnungen ködern, denen es an einer gesunden Grundlage evaluierter Fallzahlen fehlt. Dazu gehören Apologeten der biologischen, alternativen Krebstherapie, die uns und anderen Patienten das Geld aus der Tasche gezogen haben. Einen der Ärzte habe ich erfolgreich verklagt. Dazu zählen aber auch die Kritiker und Meinungsbildner, die gegenüber konservativen, klinischen Therapien ein dämonisiertes Feindbild aufbauen und dadurch Verunsicherung schaffen. Gegen die konventionelle Medizin spürte ich weniger Zorn, vielmehr war ich enttäuscht, weil auch dieses therapeutische Waffenarsenal versagte. Doch solche Katastrophen müssen nicht bedeuten, dass etwas nicht wahr ist. Für eine differenzierte Betrachtung war es noch zu früh. In der Momentaufnahme der aufbrausenden Gefühle holte ich zum zornigen Rundumschlag aus. Auch dies ist eine Standortbestimmung – zu demonstrieren, wie tief mich die Verschwörung des Schicksals gegen meine Familie und mich getroffen hat. Meine Tochter sagte eines Tages: »Jetzt glaube ich nicht mehr an Gott!« Sie war zutiefst enttäuscht, da sie bis zum Schluss noch die Zuversicht hatte, dass die Hoffnung und Spiritualität meiner Frau sich für sie auszahlen wird und Heilung geschieht. Ich versuchte, sie zu trösten. Doch manchmal geht ein Knacks durch die Seele, bei dem gute Worte nicht helfen können, sondern nur eine heilsame Erfahrung. Vertrauen will beantwortet werden. Selbst der Himmel kann dafür von uns Menschen kein Abo erwarten. Ohne das Momentum der Erfahrung wird

Glauben zu einer blutleeren Angelegenheit. Wo die Medizin an ihre Grenzen stößt und das Leben bedroht ist, geht der Blick in die Vertikale. Ja, ich erwartete ein Wunder, Tumor weg, Frau geheilt, das Leben kann weitergehen. Heilung verkrüppelter Hände, von Blinden und die Erweckung Toter – Jesus hatte mit seinen Wunderkräften nicht geknausert. Kinderglauben?! Wer um das Leben eines geliebten Menschen fürchtet, schämt sich nicht, in einen Kinderglauben zu verfallen und den Himmel um Hilfe anzuflehen. Dass er nicht reagierte, war nicht gerade ein Imagegewinn.

Mein Zorn hatte die Tendenz, mich zu verschlingen. Ich reagierte aggressiv und unfreundlich auf meine Umwelt. Glückliche Pärchen konnte ich nicht ertragen. Fröhliche Menschen erst recht nicht. Ich fühlte mich wie der Konkursverwalter meines Lebens. Ich fand Gefallen an dieser Rolle. Sie entwickelte eine ungeheure Sogwirkung. Das kam mir bekannt vor, es erinnerte mich an das Psychogramm der Krebskrankheit – die totale Vereinnahmung.

Ich wusste, dass Zorn eine der Trauerphasen ist. Doch wollte ich kein Opfer des Zorns werden, der mich auffrisst, sondern mir diese vitale Kraft lieber zum Freund machen. Ich nutzte sie wie ein Überbrückungskabel, das mich in Kontakt mit dem Außen und auch mir selbst bringt. Es verlieh mir das Gefühl, wieder handlungsfähig zu sein; ich spürte, wie mein Herz das Blut in den Adern pulsieren ließ, das in den Phasen der Todesbetrübtheit und Depressivität auf Notstromaggregat geschaltet hatte.

Häufig erscheint Zorn in der Maske der Trauer und umgekehrt. Es ist gut, sich in solchen schwierigen Lebensphasen Hilfe zu holen. Mir empfahl jemand die Trauergruppe auf der Palliativstation des Klinikums. Da wollte ich nicht unbedingt hin. Ich besuchte eine kreativ orientierte Therapiegruppe. Etwas Konstruktives tun, was mir half, mit Zorn und Wut besser, integrierter umzugehen.

Alles hat seine Zeit, sagt der Prediger Salomon[36]. Doch wer legt das Zeitmaß fürs Leiden und Sterben fest? Wie wird diese Dauer gemessen? Wie viel ist zumutbar und wann ist es wirklich genug? So eine Zorneszeit hat leicht manische Züge. Immer wieder dieselben Fragen, immer wieder dieselben Klagen, immer wieder dieselben Vorwürfe. Das Verrückte daran: Es wurde mir nicht zu viel. Ich wollte mich nicht einfach unter diesen Anonymus »Schicksal« beugen, der in mein Leben pfuschte. Ich war nicht bereit, das einfach wegzustecken. Mein Zorn über das Unrecht ließ sich nicht mit »frommen Sprüchen« domestizieren. Er suchte ein Ventil, wollte gehört, gesehen und gefühlt werden. Auch von denen, die ein Teil des Dramas waren. Angelikas Schmerzen waren auch seelisch bedingt und die Tumorwunde ein Appell an jene, die ihr viel Leid zugefügt hatten. »Bitte schaut hin, fühlt mit mir, wie sehr mich euer Verhalten verletzt hat.« Dagegen half auch kein Morphium.

Manchmal leben die größten Feinde in der eigenen Familie. Angelika bekam das leider mehrfach zu spüren. Doch wer sammelt keine Erinnerungen der unerfreulichen Art in diesem Leben – Erinnerungen von Verletzungen Beleidigungen, Kränkungen und Episoden, angesichts derer man einfach nur noch die Faust ballen möchte? Leider hatte niemand aus der Familie genauer hingeschaut und hingehört. Ich bin mir sicher, ein tröstendes, liebevolles Wort wäre Balsam auf ihre Wunden gewesen. Manchmal braucht das Heilwerden von Verletzungen, Traumata und seelischen Wunden die Anderen. Zuwendung hilft zu integrieren – Schmerz, Verletzung, Wut. Gefühle, die einen Seelenführer benötigen. Angelika fand ihn in sich.

Das Rumpelstilzchen-Syndrom

Abgründe sind Orte, an denen sich tiefe Wahrheiten verbergen. Wobei diese Orte nicht irgendwo im Außen liegen, sondern Schluchten in unserer Seelenlandschaft und emotionalen Struktur sein können. Manchmal brechen sie durch einen finanziellen Verlust, eine gescheiterte Beziehung, einen Misserfolg oder eine stichelnde Bemerkung auf. Oder eine schwere Krankheit. Was immer es auch ist, wir lernen uns von einer anderen Seite kennen, wenn der Abgrund an unser Sicherheits- und Lebensverständnis reibt. Die mögliche Fallhöhe, die sich ergibt, hängt vom Grad des Getroffen-Seins ab. Ich hatte ein Faible für das Märchen Rumpelstilzchen der Gebrüder Grimm. Das vor Wut mit dem Fuß in die Erde stampft und sich in der Mitte entzweireißt, weil sein Name offenbar und es um seinen Lohn betrogen wurde. Mir erging es oft so, das mich der Zorn packte, wenn Ereignisse, Menschen oder das Leben mich an einer sicher geglaubten, verborgenen Stelle der Empfindsamkeit erwischten und mich in meiner Verletzlichkeit bloßstellten. Oft war ich mir dieser Schwachstelle in meinem System nicht bewusst. Manche Erfahrungen lösten Erosionen in meinem Selbst- und Weltverständnis aus und kauften mir den Schneid ab. Eine automatische Reaktion war das Zürnen und Wüten gegen die »Eindringlinge«. Opfer attackiert Täter, nach diesem Muster lief das in etwa ab.

Die Wut über eine Bloßstellung, Kränkung oder erlittenes Unrecht gegen sich selbst zu richten, ist ein Phänomen der Depression. Das wollen wir dem Rumpelstilzchen mal nicht unterstellen. Das passt eher zur Müllerstochter, die sich der an sie gestellten Aufgabe des »Goldspinnens« nicht gewachsen sah. Das hyperaktive, fleißige Männlein erledigte für sie die Aufgabe und wurde um seinen Lohn gebracht. Der Zufall stand der Müllerstochter zur Seite und ließ den

Deal mit dem Gnom im wahrsten Sinne des Wortes platzen. Dieser emotionale Ausdruck des Rumpelstilzchens fasziniert mich. Weil ich ihn nachempfinden kann. Nach dem kollektiven Einsatz von Ärzten, meiner Tochter und mir gegen alle Widerstände der Mut- und Hoffnungslosigkeit, konnten wir die Krankheit weder entzaubern noch entmachten. Geplatzte Hoffnungen, Träume und Wünsche können depressiv machen und einen an der Welt und Gerechtigkeit verzweifeln lassen. Mit Angelikas Tod wurde das Vertrauen in eine exterritoriale Größe, die doch als Weltinitiator alle Geheimnisse der Natur und des menschlichen Organismus kennen müsste, in Grund und Boden gestampft. »Vielen Dank, Gott, aber das haut irgendwie nicht hin mit uns. Wir ziehen hier nur die Arschkarte.«

Seelischer Schmerz bewegt sich in zwei Richtungen. Nach innen und nach außen. Welche Dynamik er nimmt, hängt von uns ab. Du kannst ihn ganz tief in dir eingraben und ihn unter Verschluss halten, weil er dich sonst wegbeamt oder du das befürchtest. Oder man agiert ihn aus: schreien, jammern, klagen, weinen, anklagen. Offensiv damit umzugehen ist, so meine Erfahrung, der beste Weg, das Erlebte zu integrieren und sich mit den Umständen zu versöhnen, anstatt sich selbst in Stücke zu reißen. Man muss auch den Selbstwert und die Liebe zu sich selbst zurückgewinnen. Durch den Symbiose-Effekt – meine Frau hat Krebs und wird sterben, wieso sollte ich dann noch ein Recht auf Leben haben – bin ich in eine unmerkliche Opferbereitschaft geraten.

Der Tod des Liebespartners ist ein Affront gegen die emotionale Intelligenz. Es gab Tage und Stunden, da kippte der Schmerz in eine Wut um, die mich förmlich explodieren ließ. Wie das Rumpelstilzchen. Gegen diese limbische Aufwallung[37] war ich machtlos. Ich genoss geradezu die Vitalität, die sie ausströmte, verfiel in Selbstgespräche und Deklamationen.

Liebstes Ziel: der Himmel. »Wie naiv«, könnte der Leser jetzt denken, »wer sagt denn, dass Gott da oben wohnt?!«

Zorn hat eine simplifizierende Energie der Anklage: »Du bist schuld! An dir will ich mich rächen!« Das läuft jenseits der Vernunftlinie ab. Wenn das emotionale Gehirn glüht, schlägt der Zorn unkontrolliert zu. Ich musste mir Luft machen. In einem einsamen Waldstück schlug ich mit Holzstücken wie verrückt auf einen Baum ein und kotzte mich aus. Unzensiert. »In Ermangelung einer kognitiven Lenkung greift der wütende Mensch auf die primitivsten Reaktionen zurück.«[38] Was sind denn das Sterben und der Tod anderes als eine »primitive« Einrichtung der Natur? Die geistigen, gesellschaftlichen und überragenden Leistungen eines Menschen bewahren ihn nicht davor, dass die organischen Kräfte der Natur ihn eines Tages zersetzen und entsorgen werden. Muss man also den Zorn beschwichtigen, damit er nicht ausufert? Zorn ist das Mittel gegen Ohnmachtsgefühle, die wir in Krisen und bei traumatischen Ereignissen erleben. Seine Energie hilft, sich wieder dem Leben zuzuwenden. Er darf seine Zeit haben, man muss ihn aber auch ein Stück weit erziehen. Und es braucht »Mut zur Wut«[39] in der Auseinandersetzung mit den Schicksalsmächten. Für mich hatten die Leidensjahre einen theologischen Wendepunkt zur Folge – vom Glauben zum Pragmatismus. Was geht und was nicht?

Horrorzeiten mit kleinen Lichtblicken

3.12.2016, unser Hochzeitstag, der 29. wäre es gewesen. Ich behalte das Ritual bei, Blumen neben ihr Bild zu stellen. Rosen, die hat sie geliebt. Schon beim Zusammenstellen im Blumenladen kommen mir die Tränen. Zum Glück kannte die Verkäuferin meine Frau und ihren Geschmack sehr gut. Das macht die Sache leichter. Bereits im Jahr davor mussten wir unser »Feierprogramm« ersatzlos streichen, weil es Angelika miserabel ging. Ich schaue mir Bilder an von unserer Hochzeit, lese Liebesbriefe von ihr, schreibe ihr einen, besuche sie am Grab. Dort stelle ich ein paar Rosen in die Steckvase. Der Boden ist leicht gefroren. Ich habe ein Gartengerät dabei und helfe etwas nach. Wasser musste ich auch mitnehmen, da im Winter die Friedhofsbrunnen abgedreht sind. Das Leben stillgestellt. Die Quellen sprudeln an diesem Ort nicht. Und im Winter schon gar nicht. Ein paar Tage später hat der Frost aus den Rosen kleine Skulpturen geformt. »Es wird Zeit für einen Grabstein «, denke ich.

8. Dezember 2016, Angelikas Geburtstag. Der Dezember ist ein furchtbarer Monat. Dieses Jahr. Die Feieranlässe folgen in kurzen Abständen. Heute würden wir mit Angelika ihren Geburtstag feiern. Stattdessen Blumen für ihre »Gedenkecke«, ein Gesteck fürs Grab und eine neue Ölkerze für die Grableuchte. Ich spreche hinunter zu ihr, durch eine dicke, gefrorene Erdkruste. Erzähle ihr, dass sie heute Geburtstag hat, wie sehr wir sie vermissen und dass dieses Jahr ein einziger Albtraum ist. Natürlich kann sie mich nicht hören. Und längst hat die Natur von ihrem Körper nicht mehr viel übriggelassen. Doch hoffe ich, dass ihre unsterbliche Seele etwas von meinen Worten mitbekommt. Zumindest ist dieser Ort ein Fixpunkt, an dem ich zu Angelika sprechen kann. An ihrer Ruhestätte. Ob der Gottesacker auch ein Ort des Friedens ist? Ich fühle mich nicht so.

24. Dezember 2016. Weihnachten. Unbehagen und Furcht packen uns schon in der Adventszeit. Weihnachtsmärkte meiden wir, weil alles an Angelika und das gemeinsame Familienfest erinnert. Es reißt weitere Wunden auf. Wie können wir diese Zeit überstehen? Weihnachten ausfallen lassen? Das wäre auch nicht die Lösung. Angelika zuliebe, wollen wir Weih-

nachten »feiern«. Wir laden einen Freund ein. Ich koche wie gewohnt, wir trinken einen guten Wein, verteilen Geschenke. Meine Tochter verabschiedet sich später zu Freunden. Tapetenwechsel ist die Strategie, emotionsbeladene Erinnerungen auszublenden. Mein Einbruch kommt beim Spaziergang mit meinem Freund. Der Schmerz über den Verlust und das Fehlen von Angelika springen mich mit ungebremster Kraft an. Weit und breit kein Mensch. Ich lasse meinen Gefühlen freien Lauf. Ein sehr verständnisvoller Freund tröstet mich. Er selbst hatte seine Eltern und Schwester in jungen Jahren verloren. Er weiß, wie sich Trauer anfühlt.

Kunstgänge, eine emotionale Entlastung. Monate nach Angelikas Tod, als ich mich wieder so langsam für das Leben öffnete, besuche ich die Neue Pinakothek der Moderne in München. Ein Kulturgang, den wir immer zusammen machen wollten. Angelika war sehr kunstliebend und wünschte es sich sehr, dass wir das noch zusammen machen. Ich muss gestehen, diese Krankheit mit allen ihren Nebenschauplätzen hatte sich immer wieder als lähmender Gegenspieler dem Angenehmen und Unterhaltsamen in den Weg gestellt. Weil er sich immer dazwischendrängte. Egal, ob ein Ausflug zu ihrem geliebten Wörthsee oder ein Restaurantbesuch, die aufdringliche Präsenz des Feindes war zu spüren, selbst wenn wir nicht darüber sprachen. Jede Fahrt war für Angelika eine Qual. Der rechte, durch den Lymphstau geschwollene Arm musste entsprechend im Auto gelagert werden. Kurven mussten sanft angesteuert und ausgefahren werden. Ihr System reagierte wie ein Seismograph auf kleinste Unebenheiten und disruptives Fahren. Mobilität als Zyniker. Wenn Bewegung jeder Art und auf jede Weise starke Schmerzen bereitet, dann wünscht man sich nichts anderes als Stillstand. Doch auch und gerade in diesem bewegungslosen Zustand, dem Ruhen, meldeten sich die Killerzellen. Allein das Morphium linderte den Schmerz.

Die Vorwärtsbewegung, diese Illusion des Entweichen- und Flüchten-Könnens, die das Autofahren vermittelt, funktionierte ebenso wenig wie die Bewegungslosigkeit.

Nun also war ich allein in der Pinakothek. Wilhelm Lehmbrucks Bronzefigur »Der Gestürzte« berührte mich sehr. Unweigerlich muss ich an Angelika denken, an ihre Gebrochenheit, diese vom Krebs degenerierte Wirbelsäule und verbogene Haltung. Ihre innere Größe und Haltung konnte sie nicht mehr ans Außen abgeben. Goethes Diktum »Nichts ist innen, nichts ist außen, denn was innen, das ist außen«[40] erschien mir in diesem Moment wie reine Poesie des Herzens, wie ein vollmundiges Sprachspiel. Eher verkehrte Welt: In dem Maße wie die Krankheit sie verbog, wurde sie aufrechter und strahlender in ihrem Inneren.

Zeit für die Kunst. Meine Museumsbesuche häuften sich. Pinakotheken, Galerie am Lehnbachhaus, Museum Buchheim, Lektüre von Kunstbänden. Sie brachten mich auf andere Gedanken, spielten die schönen, kreativen Seiten des Lebens ein. Ich gewann neue Perspektiven. Die Art, wie Künstler die Wirklichkeit betrachten, empfinden, interpretieren und dem Betrachter ein Angebot für ein neues Erleben und Sehen machen, half mir bei der Verarbeitung der letzten Monate, mich aus der subjektiven Befangenheit und dem »Weltschmerz« zu lösen.

Ich fand in diesen schönen, bizarren, grotesken und abgründigen Gemälden, Plastiken und Skulpturen ein Echo auf mein Gefühlschaos. »Kunst ist Magie, befreit von der Lüge, Wahrheit zu sein«, schreibt Adorno. Was zeigt sie dann? Eine dissonante Welt? Adorno war ähnlich wie Kant ein philosophisches Meisterhirn. Er sezierte regelrecht Gesellschaft und Kultur, blieb aber gerne konstruktive Antworten schuldig. Dennoch gefällt mir seine Aussage zur Kunst. Oft geht es nicht anders, als Welt- und Wahrheitsbilder komplett auseinanderzunehmen, um zum Kern vorzustoßen. Beim Besuch in Leipzigs Museum der Bildenden Künste bekomme ich einen Lachanfall. Eine Sonderausstellung von Markus Lüpertz. Was hat der ehemalige Dekan der Düsseldorfer Kunstakademie, Dandy und Freizeitboxer Lüpertz bloß aus dem »guten« Mozart gemacht? Total schräge Skulpturen in Größe von Kasperlefiguren! Die Musikgemeinde war erschüttert und demonstrierte lauthals, wie zu lesen war. Bei näherer Betrachtung denke ich, eigentlich genial. Lüpertz bricht mit einer Ästhetik, die sich die Kulturgemeinde über den Musiker Mozart zusammengezimmert hatte. Das musikalische Genie als Transgendererscheinung mit breiten Hüften und unvollständigen Extremitäten. Für solch eine Demontage braucht man schon Mut. Ich finde Gefallen an dieser Radikalität. Ob Lüpertz damit gegen ein bestimmtes Ästhetik- und Kunstverständnis zu Felde ziehen will, ist mir eigentlich egal. Ich finde diesen Mozart toll, dicklich, halb Mann, halb Frau, aber dem Genie kann es völlig gleichgültig sein, in welchem Körper es hockt. Es erhebt sich über jede Form. Also, was soll der Aufschrei. Werke, die ein visueller Angriff auf Seh- und Ordnungsgewohnheiten sind, ziehen sich durch alle Jahrhunderte der Kunst. Hieronymus Bosch lädt ein zu Höllenfahrten, Emil Nolde widmet sich dem Grotesken und Phantastischen, Beuys schockiert mit der »Fettecke«, Baselitz stellt Gemälde auf den Kopf. Das Unstimmige als Stilprinzip, weil die Welt nicht stimmig ist. Kunst hat für mich eine Entlastungsfunktion, sorgt für Balance. Ich ließ mich reinziehen, fand selbst Gefallen an den Surrealisten wie Dalis brennender Giraffe. Nichts ist so, wie es erscheint. An universalen und vollkommenen Formen hatte sich schon Platon überhoben. Friedrich Nietzsche wird ihm im 20. Jahrhundert das dionysische Lebensprinzip um die Ohren hauen. »Versuche nicht länger, den Dingen eine Ordnung zu geben, die Wirklichkeit ist anarchistisch«, sagte ich mir. Das hat etwas Befreiendes von meinem wütenden Erklärungszwang. Ich gönne mir eine Kampfpause.

Das Leben hat sich verändert. Es hat mich verändert, Ansichten auf den Kopf gestellt und viele meiner Konzepte ausgehebelt. Die Unmittelbarkeit des Todes ist mir auf erschreckende Weise klargeworden. Dass er unangemeldet und sehr plötzlich kommen kann. Es ist nicht so, dass ich mich nie mit der Endstation des Lebens beschäftigt hätte. Das Memento-Mori-Motiv in der Literatur war ein Thema, über das ich Seminararbeiten verfasste. Zwischen der Studienarbeit und dem Krankenbett verläuft eine unheimliche Grenze: die Zeit. Potenziell ist der Tod immer da. Wann seine Stunde schlägt, das wird an anderer Stelle entschieden.

Mit Angelikas schwerer Erkrankung ist das Sterben in einer beängstigenden Gewissheit in meine Nähe gerückt. Und ich muss gestehen, dass mir die Art und Weise, wie Menschen sterben können, zu schaffen macht. Das ist nicht unbedingt würdevoll, das ist schmerzhaft und gemein.

Neben dem Zorn habe ich einen weiteren Freund kennengelernt, der mir bei der Verarbeitung hilft: Zynismus. Gut, eine gewisse Schwäche dafür hatte ich schon immer. Doch jetzt langt er phasenweise richtig zu. Es ist meine Art der Rache. Ich stimme ein in die Irrationalität des Daseins, das Hintertückische des Lebens, die Verschrobenheit des Schicksals. Ich hole wieder Schopenhauer, Feuerbach und Nietzsche aus dem Bücherregal. Philosophen, die einen Abgesang auf die Ordnungen der Vernunft und Gebäude der Religion halten. Besonders angetan in dieser Zeit hatte es mir Kierkegaard, dieser brillante, aber schwermütige Philosoph des Existenzialismus. Seine Tagebücher sind keine Erbauungsliteratur. In ihnen spricht ein hitziger, vom Leben verwundeter Geist. »Es kommt mir vor, als wäre ich ein Galeerensklave, zusammengekettet mit dem Tode; jedesmal, wenn das Leben sich rührt, rasselt die Kette, und der Tod läßt alles hinwelken – und das geschieht in jeder Minute.«[41] Trotz der gedanklichen Schwermut haben Kierkegaards Schriften und Abhandlungen eine ungeheure Kraft. Es ist eine Philosophie, die sich weg vom Sternenhimmel des Idealismus bewegt hinein in die Erdatmosphäre und die Verschachtelungen des Individuums. »Ich stecke den Finger ins Dasein, es riecht nach Nichts (…) Wer hat mich in das Ganze hineingenarrt und läßt mich nun da stehen?«[42] Das ist feiner, subtiler Zynismus, der aus der Erfahrung als Individuum und der tragischen Biografie des Menschen Kierkegaard rührt. Darum dreht sich seine gesamte Philosophie. »Die Natur ist mehr Unordnung als Ordnung, mehr Vielheit als Einheit, und die allergrößte Unordnung ist der Tod!«[43] Es ist doch legitim, gegenüber diesem paradoxen Leben die Stimme der zynischen Vernunft zu erheben. Es scheint niemanden in der Himmels AG zu kümmern, ob es hier unten vernünftig, ordentlich und intakt zugeht. »Das Leben ist ein Geschäft, das nicht die Kosten deckt«,[44] ist in Schopenhauers Welt als Wille und Vorstellung zu lesen. Stimmt. Das ganze Mühen und Rackern – für die Katz. Und meint das Schicksal, deine Stunde sei jetzt gekommen, kämpfe nicht darum. Pfeif darauf, wenn die Ärzte von Zuversicht, Chancen oder Selbstheilungskräften reden. Nichts davon steht im Beipackzettel der Chemos. Du unterschreibst eine Absicherung und Kenntnisnahme über die möglichen Risiken und Nebenwirkungen. Und die treten mit Sicherheit ein. Darauf ist zu 100 Prozent Verlass. Versuche aber nicht, Glück, Erfolg oder Heilung einzufordern. Da hat der Zufall ein gewaltiges Wörtchen mitzureden. Dessen Sprechstunden sind allerdings nicht öffentlich für den Parteienverkehr. Der kommt, wann er will. Was er dann für den Empfänger bereithält, steht in den Sternen.

Wo ist bloß die Zeit geblieben? Das Trauerjahr ist zu Ende, doch die Trauer nimmt an Stärke und Präsenz zu. Immer wieder überfällt sie mich, spielt Phantasmagorien der Gegenwart Angelikas ein, imaginär anwesend und doch ganz weit weg.

Ich denke an einen länger zurückliegenden Feuilleton-Artikel in der Zeit mit dem Titel: »Der Verlust des Partners ist wie eine Amputation der Seele.« So fühlt sich das an. Ein schmerzhafter Schnitt ins WIR-Gefühl. Als ICH fühle ich mich noch lange nicht. Wenn man über 30 Jahre zusammengelebt hat, ist das Wir-Gefühl stärker als das Ich. Jetzt stehe ich wieder im Fokus. Doch wie gehe ich damit um, wie organisiere ich mich? Was mache ich allein? Sollte Freud Recht haben, dass wir mitsterben, wenn eine Person stirbt, die wir lieben?[45] Sich die Erlaubnis zu Freude, Genuss und Unterhaltung zu erteilen, sollte eine der schwereren Übungen für mich werden. Die Lungenembolie kam da gerade recht. Das war der erste wichtige Impuls, mich fürs Weiterleben zu entscheiden. Auch meiner Tochter zuliebe. Die angeschlossene Reha mobilisierte mich auf der Körper- und Energieebene. Auch wenn später erst die Dämonen der Depression und Resignation immer wieder um mich kreisen, wusste ich zumindest, wie ich eine positive Energie freischalten konnte – mit Bewegung, Sport, Schwitzen.

Schau nach vorn! Gut, und was dann?

Von Angelika geträumt. Sie ist da, ich umarme sie, spüre sie. Aber bloß ein Traum. Leider, die Faust ballen gegen die Welt, danach ist mir. Es geht mir nicht gut. Die schmerzhafte Wunde bricht wieder auf. Trauer kennt keine Grenzen, keine Phasen, keine Zeit. Sie kommt wellenartig, mal in Zyklen und geht, wann sie will. Jedes Mal musst du entscheiden, was du mit ihr machst. Ob du sie verdrängst, ignorierst oder auf sie eingehst und ihr Aufmerksamkeit schenkst. Selbst wenn du mitten im Zug auf dem Weg zur Arbeit bist. Ich lasse es laufen, egal, was die anderen denken. Es stört doch auch niemanden, wenn sie ihre Handygespräche führen und Banalitäten austauschen, Einkaufsbefehle absetzen oder man ungewollt sich überdrehte Party- und Love-Stories mit anhören muss. In dem Punkt ist die mobile Community großzügig. Aber ein Silberrücken, der schluchzt und dem die Tränen herunterfließen, das ist schon verdächtig. Auch noch ohne Handy! Erstaunlich, welchen Katalysator-Effekt ein Smartphone hat. Da kannst du reinbrüllen, säuseln, lachen und auch heulen. Aber wehe, du machst das ohne. Dann gerätst du unter Tourette-Verdacht. Hierzulande braucht es einen gewissen Kontext, um das Zeigen von Emotionen zu legitimieren. Zug und Handy ist okay. Öffentliche Plätze und Handy allemal. Rockkonzerte dito. Demonstrationen. Auf jeden Fall. Aber bitte bloß, wenn die politische Gesinnung oder Partei stimmt. Talkshows: der öffentlich-rechtliche Normalwahnsinn. Hau raus den Scheiß. Das ist das Faszinierende an der Trauer. Sie kippt gerne mal, zumindest bei mir, in Sarkasmus um. So viel Empfindsamkeit hält man auf Dauer auch nicht aus. Man braucht ein Gegengewicht, das bissige Zündeln tut gut. Der Zorn wandelt sich von seiner groben Anfangsgestalt unmittelbarer Explosionen in eine höhere, feinere Organisationsform, die nicht ohne eine gewisse Sprengkraft ist. Zynismus kann die Hoffnungs- und Erfolgsgebäude von Menschen mit einem Satz detonieren lassen. Nietzsches »Gott ist tot«, Marx' »Religion ist Opium fürs Volks« oder »Politik ist der Spielraum, den die Wirtschaft ihr lässt« von Dieter Hildebrandt sind solche Sätze.

Sei stark, Mann! Einübung ins Trauern. Wie trauert Mann um die eigene Ehefrau? Wie geht das? Und wie lange? Sitzt man da und heult rum? Oder kippt man sich einen hinter die Binde, wenn der Schmerz zu stark wird? Obwohl ich durchaus Gefühle zulassen und zeigen kann, fühle ich mich anfangs von diesem intensiven Verlustschmerz überfordert. Ich suche einen Ausdruck für meine Trauer, das Ventil. Nach außen lassen, was innen so weh tut. Ich schluchze, weine, klage; mache dazu rhythmische Bewegungen wie die Gläubigen an der Klagemauer. Dieses bewegungsgeladene Trauern, Jammern und Weinen bringt die Körperenergie in Fluss. Es verhindert, dass ich in mir zusammensacke und der Schmerz mich lähmt. Auch die Faust gegen den Himmel zu erheben, ist in dem Moment ein authentischer Ausdruck meines Empfindens von Ungerechtigkeit. Die Guten lässt er krepieren, die Bösen überleben, denke ich. Nicht nur einmal. Was der Psalmist sagen darf, darf auch ich. Mich über die ungleiche Glücksverteilung in der Welt beklagen. Ich bin in einem Elternhaus aufgewachsen, in dem Pflichterfüllung, Durchhalten und Disziplin wichtig waren. Da gab es wenig Platz für Gefühle und Sentimentalitäten. »Arschbacken zusammenkneifen und durch.« Als Kriegsgeneration und Flüchtlinge war das für meine Eltern keine außergewöhnliche Einstellung. Es gab einfach keine Anleitung im Umgang mit Gefühlen der Kategorie Angst, Trauer und Wut. Doch ganz gleich wie das Sozialisationsumfeld war, in dem man aufgewachsen ist, die Trauer, den Abschied von einem Menschen, kannst du nicht üben. Das kann dir auch niemand beibringen. Du wirst damit plötzlich konfrontiert. Unmittelbar. Wenn die Eltern sterben oder der Partner. Die Trauer über den Zustand der schwer erkrankten Ehefrau ist noch einmal etwas anderes. Es jammert dich, wie es ihr geht, wie sie leidet und schmerzfreie, angenehme Momente herbeisehnt, die du ihr nicht geben kannst. Ab der Erstdiagnose hatte die Krankheit begonnen, mir meine Frau als Lebens- und Liebespartnerin in kleinen und dann sehr großen Schritten zu entziehen und ihr das Leben, aber auch die Erotik streitig zu machen. Je mehr sich auf der Körperebene die Ernsthaftigkeit der Tumorerkrankung manifestierte und die Therapien nicht griffen, rückte der Abschied voneinander und der Beziehungskultur näher. Er ließ sich nicht länger auf die Hoffnungsbank der Behandlungen schieben. Rückblickend kommt mir das wie ein Katz-und-

Maus-Spiel vor. Ein Schweben im Ungewissen ohne genaue Prognose zu den Entwicklungen auf der Zeitachse. Von der einen Seite arbeitete sich der düstere Fährmann Charon vor, auf der anderen hielten Elektrolyte, Analgetika und Zytostatika dagegen. Oder versuchten es zumindest.

»Jetzt musst du aber nach vorne schauen, mal wieder was unternehmen«, sind Sprüche, die gut gemeint sind, aber sich anfangs schwer umsetzen lassen. Nach den vielen Jahren der Lebensgemeinschaft ist die Beziehung durch den Tod des Partners nicht sofort zu Ende. Ich spürte die gemeinsame Energie der Partnerschaft und Angelikas Seelenanteil noch für eine Zeit lang, gleichzeitig erlebte ich den aufgebrochenen Mangel an Emotionalität. Kein Feedback mehr für meine Gefühle. Sie prallen ab. Bewusstes, aktives Trauern, so verstehe ich es heute, ist ein Weg zurück ins Leben. Es hat etwas Therapeutisches. Man weint die Wunde aus, die der Verlust geschlagen hat. Es hilft, die miteinander erlebte Geschichte und die ins Nirgendwo entschwundene Geliebte loszulassen. Trauern führt dich zurück zu dir selbst. Dort muss man als Hinterbliebener auch wieder ankommen. Um ein Anderer werden zu können. Jemand, der es wagt, sich vom Leben weiter formen zu lassen. Der Status quo hat keine Bedeutung mehr. »Des Lebens Ruf an uns wird niemals enden.«

In der Psychologie bezeichnet man das Hindurchgehen durch das Spektrum an Emotionen als Integration. Ich lasse den Film in mir ablaufen. Immer wieder, mal in kleinen, dann wiederum in größeren Sequenzen – die Ereignisse von der Diagnose über die Pflege bis zur Sterbebegleitung und dem Abschiednehmen. Es schmerzt, und es reinigt. Eine Art Katharsis.

Griechische Tragödien handeln von Furcht und Zittern, Freude und Lachen. Über die Themen runzeln wir heute wahrscheinlich die Stirn. Der Konflikt der Königstochter »Antigone« (Sophokles) hat für unsere von Ethik und politischer

Moral befreite Zeit kaum noch Relevanz. Sophokles »König Ödipus« hat durch Sigmund Freud an populärwissenschaftlicher Bedeutung gewonnen. Erschüttern kann das Thema der unerkannten Mutter-Sohn-Liebe allerdings kaum noch jemanden. Doch der Film, der in mir abläuft, ist pures, echtes Lebensdrama. Eine menschlich-göttliche Tragödie.

Palliativstation, Beerdigung und Friedhof sind die legitimierten Orte, an denen man Rotz und Wasser heulen darf. Schwieriger wird es jedoch, wenn die Trauer dich in deinem Alltag begleitet, weil sie momentan zu dir gehört. Du kannst sie nicht abstreifen. Manchmal hatte ich den Eindruck, dass Menschen in meinem sozialen Umfeld sich schwer damit tun, dass mir die Trauer ins Gesicht geschrieben stand. Es wirft einen dunklen Schatten in eine vom Geist des Konstruktivismus und des Erfolgs beherrschte Wirtschafts- und Arbeitswelt. Das stört, das passt da nicht rein, das erinnert an eine Wirklichkeit, die in einer Gesellschaft der gnadenlosen »Ich-Verwirklichung« bzw. Selfie-Kultur bitte außen vor zu bleiben hat. Funktionalismus ist die Fiktion der Unverletzlichkeit und Unsterblichkeit. Solche Illusionen brauchen wir Menschen manchmal einfach. Denn das Leben ist hart. Illusionen und Ausgrenzungen verschaffen kleine, wenn auch täuschende Atempausen. Ausdrücken, was mich bewegt. Auch wenn die Sprache versagt. Ich kam an meine verbalen Grenzen, fing an, mich im Kreise zu drehen. Die Erklärungsversuche wurden zwanghaft, die Anklagen monoton. Als ob ich mich in einen Blutrausch reden wollte. So kam mir mein Lamentieren und Jammern bisweilen vor.

Ich wechselte die Ausdrucksform und probierte es mit Malen. Ich würde nicht behaupten, dass ich das könnte oder Talent hätte. Der innere Wahn-Sinn fand seinen adäquaten Ausdruck in den, na ja, nenne ich es ruhig mal Werken. Meistens Köpfe, überdimensional, einsame, ohne Korpus. Blutunterlaufene, disproportionale Köpfe. Große Augen, Münder, Ohren, riesige Zähne. Köpfe, die das Chaos der Welt durcheinandergewirbelt hat. Etwas Unaussprechliches wird gegenständlich. Gefühle, für die ich keine Sprache habe.

Die Zeit heilt alle Wunden? Nein, Erinnerungen tun es.

Die Annahme, dass die Zeit alle Wunden heilt, ist falsch. Zeit ist eine physikalische Größe. Sie verhält sich gegenüber Leben, Weltgeschehen und Individuen neutral. »Die absolute, wahre und mathematische Zeit verfließt an sich und vermöge ihrer Natur gleichförmig und ohne Beziehung auf irgendeinen äußeren Gegenstand«, schreibt Isaac Newton.[46] Die Zeit an sich besitzt keine heilenden Kräfte. Es ist unser Handeln, das in und mit der Zeit etwas bewirkt. Unabhängig von uns und dem Weltgeschehen läuft die Zeit weiter und vergeht. Was wir im Hier und Jetzt und auf der Zeitachse tun, es kann uns heilen oder uns schaden. Der Zeit an sich jedenfalls ist das relativ egal. Weder bewertet noch zensiert sie das, was wir machen. Sie wirft das Ergebnis aus wie ein Computer, der mit Daten gefüttert wurde. In seinem Romanzyklus »Auf der Suche nach der verlorenen Zeit« nimmt Marcel Proust den Leser mit auf eine faszinierende Zeit- und Erinnerungsreise. Wer kennt das nicht, das Schwelgen in Erinnerungen, die für uns eine ganz besondere Bedeutung haben. Weil sie unser Leben bereichert und erfüllt haben. Schöne Erinnerungen lösen positive Gefühle aus. Sie tun uns gut. Mich an das Leben mit meiner Frau und dem Menschen Angelika zu erinnern, hat etwas Tröstendes. Immer wieder schreibe ich ihr Briefe in dem eigens angelegten Tagebuch. Ich teile ihr Dinge mit, für die keine Zeit mehr blieb, sie ihr persönlich zu sagen. Das Schreiben habe ich als Ritual beibehalten. Am Anfang schrieb ich mir die Finger wund. Mit der Zeit wurden die Abstände länger, weil das Loslassen und Einklinken in den Lauf der Zeit immer besser gelang. Irgendwann wurde mir klar, dass auch Angelikas Seele sich von uns verabschieden will, und sie Freiheit von der Trauer der Angehörigen braucht. Erinnerungen sind ein Hochamt der Liebe, sie würdigen die gemeinsame Zeit. Ich freue mich immer wieder, wenn sie mich besuchen. Dann behandele ich sie wie einen Gast, mit dem ich mich gerne unterhalte. Dieses »Weißt du noch« hat etwas Erfrischendes, Munteres. Gute Erinnerungen tragen unser Leben, besagt ein japanisches Sprichwort.

»Habe Mut« lautet die Einleitung von Immanuel Kants berühmtem Appell, sich aus der selbst verschuldeten Unmündigkeit zu befreien. »Habe Mut, dich deines Verstandes zu bedienen.« In einer der vielen dunklen Stunden nach Angelikas Tod hatte ich in einer Kantausgabe, die mir meine Tochter einmal schenkte, etwas ziellos geblättert. Ich stieß auf diesen Satz und fing an darüber nachzudenken, was er für meine Situation bedeuten kann. Kants Aufruf zur Mündigkeit war die Forderung der Emanzipation des philosophischen Denkens von der Bevormundung durch die Theologie der geoffenbarten Religion.[47] Was macht mich unmündig, unfrei? Es war der metaphysische Rundumschlag. Ich zielte auf die Bevormundung meines Denkens durch eine irgendwie geartete Offenbarung. In Zeiten der Trauer ist es nicht weit her mit Objektivität, subjektiver Distanz und Verstandesklarheit. Man leidet und verzweifelt an der Welt, wie sie ist. Kant, dieser disziplinierte, akribische Denker und Quälgeist der praktischen Vernunft verhalf mir zu mehr Erdung. Die Sentimentalitäten und den Weltschmerz eines Sören Kierkegaard finden im Denken Kants nicht einen Millimeter Platz. Der Philosoph des Idealismus zieht sich in seinen Schriften »aus der Metaphysik zurück, um in solidere Geschäfte erhöhter Deutlichkeit zu investieren. Sich in einer

Welt voller Enteignungsgefahren des eigenen Verstandes zu bedienen: Mit diesem Motto bekundet Kant seinen Elan (…) gegen alle Verführungen zur Gedankenarmut und Depression (…), sich auf das Abenteuer der Deutlichkeit einzulassen.[48] Kant, dieser Zuchtmeister der Rationalität, schiebt der Melancholie einen Riegel vor. Seine Lektüre wirkt wie Medizin gegen Depressions- und Verzweiflungsanfälle. Es braucht allerdings ein wenig Durchhaltevermögen. Denn das ist keine leichte Kost. Mich meines eigenen Verstandes bedienen. »Super«, dachte ich, »genau an meinem Verstand wäre ich ja fast verzweifelt.« Doch ich begriff, dass damit auch mein metaphysisches Verständnis gemeint war. Ich stellte es in ein unmittelbares Verhältnis zu Ursache und Wirkung. Darin, dämmerte es mir, liegt der Denkfehler, dass ich Gott als Verursacher unseres tragischen Schicksals sah. Als den Übervater, der alles sieht, der für alles verantwortlich ist und Pluspunkte oder Minuspunkte gegen uns sammelt. Der uns schweren Prüfungen in einer Art Olympiade von Glaubenskämpfen unterzieht. Wer die meisten Punkte einstreicht, kommt in den Himmel, die anderen dürfen sich bei Luzifer aufwärmen. Diese Denkfigur ist von jener naiven Magie geschwängert, die in die »religiöse Unmündigkeit« führt. Also lockerte ich den gedanklichen Schraubstock, in den ich mein Weltbild gesteckt hatte. Ich brauchte mehr Distanz, mehr Klarheit gegenüber meinem emotionsbeladenen Denken. Und über meine Rolle als »Krieger«, der sich gemeinsam mit seiner Familie dem Feind entgegenstellte. Nach Angelikas Tod peinigte mich das Gefühl der Niederlage. Es nicht geschafft zu haben, sie vor Unheil zu beschützen und meiner Tochter die Mutter zu erhalten. Ich fühlte mich in einer besonderen Verantwortung. Ich hatte Angelika versichert, dass ich mit ihr diesen therapeutischen Weg gemeinsam gehe, sie nach allen Kräften unterstütze. Die richtige Einschätzung der Lage, die notwendige Taktik und erforderlichen Maßnahmen, die Ermutigung – diese Prinzipien als Partner und Familienoberhaupt forderte ich von mir selbst ein. Doch ich erlebte furchtbare Momente der Schwäche. Solche, in denen ich mir ein baldiges Ende des Kampfes gegen den unbezwingbaren Gegner herbeiwünschte, die Befreiung meiner Frau aus der Sklaverei des Krebses. Das war nicht immer ganz uneigennützig. Ich konnte die Belastungen oft kaum noch ertragen, wollte mehrfach kapitulieren. Doch so einfach geht das nicht. Der Kampf muss bis zur Entscheidung durchgestanden werden. Ich machte mir auch Vorwürfe wegen meiner Tochter. Überfordert sie sich nicht mit ihrer Rolle? Überforderte ich sie? Müsste nicht ich das machen, was sie macht? Darf ein Vater seiner Tochter das zumuten? Mich beschlich das Gefühl, versagt zu haben. Ich hatte den Kampf gegen Angelikas Feind und mit mir selbst verloren. Am Ende war es nicht allein die Krankheit, gegen die wir uns stemmten. Es war der machtvolle Gegenspieler des Lebens selbst, der Tod, der einen geliebten Menschen von uns trennen und in sein Reich des Anorganischen holen wollte. An einem bestimmten Punkt in diesem Ringen kannst du dich nur noch ergeben und in das Geschehen fügen. Dann stellst du dich, so makaber das klingt, auf die Seite vom Fährmann Charon, indem du dem geliebten Menschen hilfst, das Hier und Jetzt und die Menschen, die er liebt, zurück- und loszulassen. Das gehört bereits zur Zeremonie des letzten Geleits. Die Ehefrau und Mutter noch einmal unsere Liebe spüren zu lassen und sie bis ans Tor des Todes zu begleiten. In diesem Moment hatte mich der Ringrichter über das Leben angezählt, und ich war auf die Bretter gegangen.

»Jeder für sich und Gott gegen alle.« Das ist ein Filmtitel des deutschen Regisseurs Werner Herzog über die Figur Kasper Hauser. Eine authentische Geschichte über den angeblich unehelichen Sohn eines Fürstenhauses, der in Dunkelheit bei Wasser und Brot ohne sozialen und kommunikativen Kontakt aufwuchs und an einer schweren Form des Hospitalismus litt – den Folgen einer Vernachlässigung seelischer, emotionaler und sozialer Art. Mir fällt diese Geschichte ein, weil ich mich in meiner ›metaphysischen Vereinsamung‹ mittlerweile wie ein Gestörter fühlte. Einstecken zu müssen, ohne den Sinn zu erkennen noch über einen möglichen Plan dahinter aufgeklärt zu werden. »Eine subjektiv erlebte Sinnlosigkeit, Depression und viele andere Symptome spiegeln, dass wir nicht in Kontakt mit unserer Kernlebenskraft sind … Menschen reagieren auf Schock-, Entwicklungs- oder Beziehungstraumen mit Dissoziation und Rückzug aus dem Kontakt.«[49] Ein schöner Begriff, Kernlebenskraft. Ich spüre eine intensive Sehnsucht danach. Niemand zwang mich, in alten Glaubens-, Gottes- und Überlebensstrategiebildern gefangen zu bleiben. »Sapere aude!« Denken und handeln!

Mehr durchhangeln als kämpfen

Es gibt diesen häufig zitierten Motivationsspruch: »Es ist keine Schande hinzufallen, aber es ist eine Schande liegen zu bleiben.« Soll heißen: Erfolg hat der, der trotz Niederlage nicht aufgibt, sondern sich wieder aufrappelt.« Für mich ist das eine Art Küchenphilosophie. Manche Menschen bekommen eine derartige Blutgrätsche verpasst, dass sie nicht anders können, als liegen zu bleiben. Sie müssen sich erst einmal ihre Wunden lecken, wieder an Standfestigkeit und Selbstvertrauen gewinnen. In der Leistungsgesellschaft werden Fehler, ein Fallen, nicht gerne verziehen. Der eigene Wille mag noch so groß sein, die soziale Gruppe muss mitspielen wollen. Im Fall von Schicksalsschlägen und Traumata wie dem Verlust eines nahestehenden Menschen durch eine schwere Krankheit ist der eigene Lebenswille angeknackst. In dieser Situation kann einen eigentlich nur noch der entflammende Lebensfunke wiederaufrichten. Ihn zu entzünden, ist selbst ein Kampf. Gegen den intensiven Schmerz und das Gefühl, von einem stärkeren Gegner erniedrigt, verwundet und beraubt worden zu sein. Die Wahl: Opferrolle oder es akzeptieren, dass ein Mann sich der Angst um den Sieg aussetzt und den Kampf mit der Bereitschaft aufnimmt, sich für etwas und jemanden einzusetzen, selbst unter Gefahren und dem Risiko des Scheiterns.[50] Anselm Grün war einer der Autoren, mit dessen Büchern ich den Ring meiner Ohnmachtserfahrung verlassen konnte. Paul Coelho ein weiterer. Die »Schriften von Accra« bewegten etwas in mir. Ein Satz tat es mir besonders an: »Wehe denen, die nie besiegt wurden! Sie werden im Leben niemals Sieger sein.« [51]

An der Metapher des Kämpfers oder Kriegers fand ich Gefallen, weil es genau um das in der Trauer geht. Sich wieder zum Leben und der eigenen Aufgabe durchzuringen. Peter Sloterdijk hat ein sehr schönes Porträt über Friedrich Nietzsche mit diesem wunderbaren Satz geschrieben, dass »die Aufgabe, das eigene Leben aus der Rohstoffartigkeit herauszuführen und es zu einem Werk sui generis zu machen, den Charakter eines Kampfes auf Leben und Tod annehmen kann.«[52] Um nichts anderes ging es: um das Leben gegen den Übergriff des Todes.

Trauern führt zu vielen Erkenntnissen, auch über sich selbst. »Ich bin nicht der, der ich zu sein dachte«, sagt Moses in diesem sehr bemerkenswerten Film »Exodus« von Ridley Scott mit Christian Bale in der Hauptrolle. Ich habe mir den Film vier bis fünf Mal angeschaut. Exodus geht in die menschliche, fast psychoanalytische Tiefe. Moses muss hier mit einem vielleicht 12 Jahre alten Jungen, der Personifizierung Gottes, reden. Ein Junge! Ein filmisches Stilmittel der Entmystifizierung. Das, was in uns nach dem helfenden Gott ruft, ist auch die Stimme des inneren Kindes, die nach der Vaterfigur verlangt. Die Dialoge zwischen dem »Kind-Gott« und Moses haben fast etwas Skurriles.

Kann man solch einen Gott wirklich ernst nehmen? Im Film »Die zehn Gebote« mit Charlton Heston aus den 50ern blitzte und donnerte es. Der Allmächtige zeigte, was er alles drauf hat. Exodus kommt ohne große Effekthascherei und Zauberkräftemessen zwischen Moses und den Priestern des Pharaos aus. Was fasziniert mich an diesem Film? Das Handwerkliche weniger, auch wenn es seine Wirkung nicht verfehlt. Ich erlebte mich ebenfalls als jemand anderen. Als jemanden, der bereit war, alles aufzugeben, an was er glaubte – Selbstheilungskräfte, alternative Medizin, die Kraft des Gebetes. Als ich mich von den Brettern erhob, blieb dieses Ich im Ring erst einmal liegen. Ähnlich wie bei der Filmfigur Moses war mein Selbst-Verhältnis irritiert. Moses, der Hin-und-her-Gerissene zwischen ägyptisch-adoptierter und jüdischer Identität, ringt um sein Selbstverständnis und seine Aufgabe im Leben. Erst spät fällt bei ihm der Groschen, wohin er gehört und was seine Bestimmung ist. Immer wieder muss Moses Entscheidungen fern von geradlinigen Ansagen des Schöpfers treffen. Aus dem Bauch und so, wie es dem Menschen Moses gerade einfällt. »Du willst mir nicht helfen«, sagt er, als er auf der Flucht vor den Truppen des Pharaos Jahwe nach dem richtigen Weg fragte. Bei der Filmfigur Moses fehlt das Unterwürfige. Er ist keiner, der zu allem Ja und Amen sagt. Er erhebt Einspruch und fährt Jahwe in die Parade. Dass Michelangelo in seiner Statue einen panförmigen Moses schuf, ist aus anthropologischer Sicht konsequent. Wo Apollo ist, ist Dionysos nicht weit. Gerade noch die Zehn Gebote in Stein gehauen und kurz darauf in einem Anfall von Zorn zerschlagen. Diese Geschichte des Exodus ist für mich ein Sinnbild authentischer und wertvoller Beziehungen, die durch Reibungen und Widerspruch entstehen. »Wir dürfen Gott anklagen, dass er uns so etwas zugemutet hat. Alle

Gefühle dürfen sein. Und nur wenn wir alle Gefühle von Wut, Trauer, Enttäuschung, Verzweiflung und Schmerz zulassen, können sie sich wandeln.«[53] Es ging mir jedoch um mehr. Um ein grundlegendes neues Verständnis, das für mich zu einer reifen Ich-Du-Beziehung gehört.

Mich wieder auf den Lebensweg machen, schien mir das Beste, um aus meiner Verwirrung herauszufinden. Das Erkennen der Richtung geschieht häufig im Unterwegssein. Ganz gleich, wo man startet oder sich gerade aufhält. In einer von Supercomputern berechenbaren und digital determinierten Welt sich über das Mysterium des eigenen Weges Gedanken zu machen, mag anachronistisch erscheinen. Doch an den Grundkräften des menschlichen Lebenszyklus ändert auch die Welt 4.0 nichts: Geburt, Alter, Tod. Zwischen diesen Fixpunkten liegt die gesamte Sinn-, Zeit- und Erfahrungsstrecke für das Leben und uns selbst. Am Ende des Films sitzt der alte bärtige Moses in einem Planwagen, die Gebotstafeln haltend mit einem in sich gekehrten glücklichen Gesichtsausdruck. Schön, wenn man sich mit seinem Schicksal aussöhnen und Frieden schließen kann. Für mich, den Zornigen, Wütenden, Protestierenden, war das ein Fingerzeig. »Finde dich – wieder!«

Kapitel fünf

Wiederbelebungsversuche an mir selbst

Her mit dem Presslufthammer

Das Erlebte ließ mich nicht ohne weiteres in die gewohnten Gedankengebäude meiner Alltagswelt zurückkehren. Ich empfand sie als ungemütlich. Ein dicker unübersehbarer Kratzer zog sich quer über mein Wahrnehmungsdisplay. Das Welt-, Selbst- und Wirklichkeitsverständnis hatte einen Sprung bekommen. Zeit, die CD zu wechseln und etwas Neues einzuspielen. »Wie wirklich ist die Wirklichkeit?« lautet ein Buchtitel des Psychologen und Sprachforschers Paul Watzlawick (1921-2007). Ist die Wirklichkeit das, was wir als solche wahrnehmen? Watzlawick schreibt die Dimensionen der Wirklichkeit ab zwischen Wahn, Täuschung und Verstehen. Wirklichkeit, so seine Feststellung, ist das Ergebnis von Kommunikation, in der sich zahllose Wirklichkeitsauffassungen wiederfinden. Bestes Beispiel: politische Diskussionen, vielmehr, was man als solche bezeichnet. Ein Gespräch mit fünf Politikern über ein Thema mit statistischen Fakten ergibt mindestens fünf unterschiedliche Wirklichkeitsdefinitionen der betreffenden Sache. Gemäß dem Motto: »Die Dinge müssen sich unserer Wirklichkeitsauffassung fügen und nicht umgekehrt. Und sei es, dass wir die Tatsachen verdrehen müssen.« Auf einen kurzen Nenner gebracht: Sich auf eine objektive Wirklichkeit beziehen zu wollen, die sich dem subjektiven Deutungs- und Behauptungsanspruch Einzelner oder Gruppen und ihrer Interessen entzieht, ist eine Illusion. Wir sprechen immer über eine Wirklichkeit, die wir durch Kommunikation, Institutionen und soziales Verhalten erschaffen haben. Jede Wirklichkeit ist auf ihre Weise authentisch und gleichzeitig falsch. Man kann sich annähern durch Verstehenwollen. Störungen gehören dazu.

Wie komme ich jetzt auf Watzlawick und was will ich damit sagen? Bei Sinnkrisen und Zweifeln hilft manchmal nur der Presslufthammer. Es führt nicht weiter, ein Wirklichkeitsgebäude konservieren zu wollen, bei dem Einsturzgefahr besteht. Ich zweifelte an meiner Objektivität. »Die Wirklichkeit der Welt ist eine Erweiterung unserer selbst, die Projektion unseres Lebens.«[54] Ich musste mein Weltbild ändern. Allein die biologische Tatsache, dass Krebs ein Entwicklungsprodukt von Genmutationen ist, sprengte meine Auffassung von Kausalität. Die Wirklichkeit Gottes ist mir doch fremder, als ich dachte. Ich nahm die Überlieferungen wohl allzu wörtlich. Textkritik und Textforschung haben herausgefunden, dass wir nur noch Abschriften besitzen. Die ursprünglichen Texte existieren nicht mehr. Wie wörtlich kann man dann die Aussagen im Alten und Neuen Testament nehmen? An diesem Punkt gehen die Meinungen zwischen Kreationisten und Evolutionsanhängern auseinander. Die einen behaupten, dass die Welt tatsächlich in sieben Tagen erschaffen wurde; die Geoforschung spricht auf Basis naturwissenschaftlicher Fakten von 4,3 Milliarden Jahren. Würde das irgendetwas an der Allmacht und kosmologischen Souveränität eines Schöpfergottes ändern, sollte die Modellierung des Universums doch etwas länger gedauert haben? Denkt Gott etwa in den Zeitkategorien von Digital- und Atomuhren? Ich wollte in der sehr schweren Zeit mit meiner Frau ein Handlungs- und Verständnismuster eingelöst und verwirklicht sehen, das ich auf den »Begriff Gott« projizierte. Und als dies sich nicht realisieren ließ, stürzte mich das in psychische und mentale Probleme. Ich war gekränkt und verbittert, weil der Gott meiner Wirklichkeitsauffassung sich als lieblos, unwillig und handlungsunfähig erwies.

Ich muss eingestehen, diese Formel hat einen Logikfehler.

Mein Verständnis von Wirklichkeit musste ich an diesem Punkt näher betrachten. Ebenso wie das Phänomen der Trauer, das mich mit seinen Eigenarten beschäftigte. Wie waren und sind diese Wellenbewegungen zu erklären, wie die physiologischen Vorgänge? Gibt es einen Unterschied zwischen dem Gefühl der Trauer als emotionale Anwesenheit und dem Trauern als aktive Verarbeitung? Diese Überlegungen brachten eine andere Gedanken- und Gefühlsqualität in mein Leben. Sie sorgten für eine Verschiebung der tektonischen Platten, die schwer auf mein Gemüt drückten. Ich konnte meinen Atem wieder mehr ausdehnen. Das Leben begann wieder, sich mehr in mir zu regen, und weckte die Lust, mich in bestimmte Bereiche zu vertiefen.

Als Vernunft- und Verstandeswesen liegt es in der Natur des Menschen, verstehen zu wollen. Was war am Anfang – der Urknall oder das Wort? Gibt es einen Sinn des Lebens? Was kommt danach? Was ist Freiheit? Das Angebot an Antworten geht quer durch alle Wissenschaften. Die einen finden für sich eine Antwort, die anderen machen den Deckel darauf. Ich hatte in der Regel Antworten und Konzepte, deren Wert mir jetzt fragwürdig erschienen. Ich hegte gewisse Zweifel gegen meine Wirklichkeitsauffassung. Also anders fragen, kritischer hinterfragen. Ich musste nachjustieren. Und ich musste etwas Neues lernen – ein übergreifendes Loslassen, indem ich mich von Gedanken, Wirklichkeits- und Gottesbildern verabschiedete, die mich in einer Erwartungshaltung verharren ließen, die etwas Naiv-Magisches an sich hatten. Die Wirklichkeit bewertungsfrei akzeptieren, wie sie ist. Manche Themen können einen Menschen ein Leben lang verfolgen. Zu einigen entwickelt man eine regelrechte Ambivalenz, eine Art On-Off-Beziehung. In meinem Lebensalter beginnt das Fragen seltsamerweise von vorne. Nicht etwa, weil eine Aberatio Mentalis einen Wiederholungszwang auslöst, um sich seiner selbst noch gewahr zu werden. Nein, sondern weil ich durch diese Erfahrungen nunmehr doch soviel Klugheit besitze, um mir mein Nichtwissen eingestehen zu können.

»Ich weiß, dass ich nichts weiß«, war keine intellektuelle Koketterie des Philosophen Sokrates, er meinte es ernst. Genauso wie Goethes Faust, der bekennen muss »und bin so klug als wie zuvor«. Dem Gelehrten Faust reichte die wissenschaftliche Bankrotterklärung für ein Bündnis mit seinem Gegenspieler Mephistopheles. Allerdings war es mit dessen transzendentem Wissen auch nicht weit her. Dafür eine Wette einzugehen, ist mehr als töricht.

Die Sache mit Gott bewegt die Menschen. Im wahrsten Sinne des Wortes. 2011 gab es eine Aufbruchsphase, in der Deutschland den Jakobsweg entdeckte, eine 800 Kilometer lange Strecke von Saint-Jean-de-Pied-de-Port in den französischen Pyrenäen bis nach Santiago de Compostela in Galizien, Spanien. Ziel der Pilgerreise: die Grabstätte des Apostel Jakobus. Was zuletzt dem ehemaligen Bundespräsidenten Karl Carstens, genannt der Wanderpräsident, im großen Stil gelungen war, deutsche Beine fürs Wandern zu begeistern, schaffte im 21. Jahrhundert der einstige TV-Star Hape Kerkeling mit Buch und Film. Mit dem Unterschied zu Carstens – pilgern statt wandern. Der Jakobsweg erlebte einen Ansturm wie der Mount Everest. Und das Interesse an diesem Weg als auch anderen Pilgerreisen ist ungebrochen. »Seit den 1990er Jahren steigt die Anzahl der jährlichen Pilger beständig. Waren es 1989/1990 rund 5.000 Pilger im Jahr, sind es zehn Jahre später das Zehnfache, 55.000 Pilger und weitere zehn Jahre weiter (2009) 146.000 Pilger. In 2015 ließen sich 262.459 Frauen und Männer als Pilger registrieren.«[55] Pilgern ist ein Milliardengeschäft und die Deutschen geben mit am meisten Geld aus. Eine Million Pilger kommen jedes Jahr nach Kevelaer, 200 Millionen Pilger sind weltweit unterwegs zu den heiligen

Stätten.[56] Ob Rom, Lourdes, Fatima, Jerusalem oder Altötting, Pilger- und Wallfahrten verzeichnen einen anhaltenden Aufschwung. Die Mehrheit der Deutschen glaubt gemäß Umfrage an Gott – 62 Prozent der Befragten[57]. Der Esoterikmarkt in Deutschland boomt nach wie vor und setzt über 25 Milliarden Euro jährlich um.[58] Sehnsucht und Suche nach Gott und dem Geheimnisvollen – die Wertegemeinschaft zeigt sich durchaus interessiert.

Für manche ist das Leben eine einzige Pilgerreise und endet dort, wo sie begonnen hat. Am Anfang. Dazu gehöre auch ich. Ich wollte mich wieder auf den Erkenntnisweg machen, doch dieses Mal mit deutlich weniger Gepäck an vorgefertigten Meinungen, Theorien und vermeintlichen Antworten. Denn offenbar bleibt es den Suchenden in Sagen und Mythen vorbehalten, auf ihren Reisen Begegnungen mit Zauberwesen und Göttern zu erleben. Nachzulesen in Homers Odyssee. Wer weiß, wo Odysseus gelandet wäre, hätten die Götter die Geschicke nicht gelenkt. Soweit der Mythos. Im wahren Leben ist das anders. Weniger Skylla und Charybdis, mehr Zweifel, Rationalität und Stolpersteine. Die richtig große Reise erwartet uns beim Abschied aus dieser Welt. Wohin sie uns wohl führt? Nach den Ereignissen der letzten Monate möchte ich darauf vorbereitet sein. Wer weiß, wann ich die Segel einholen muss und wem ich auf dieser Tour begegnen werde. Auf der Brennsuppe dahergeschwommen kommen, möchte ich nicht. Das »Stirb und Werde« hat einen neuen Bedeutungsgrad bei mir erreicht. Ich musste erleben, wie unvorbereitet man im Worst Case dann doch ist. Denn der Tod kommt immer zur Unzeit. Also, vorbereiten und das Loslassen anpacken.

Trauerarbeit ist sehr schmerzhaft

Trauer hat eine merkwürdige Physiologie. Meint man, dass sie mit der Zeit weniger wird, sieht man sich getäuscht. Sie hat etwas von einem Loopmodell, sie kommt in nicht berechenbaren Wellen wieder. Ich bewegte mich auf Parallelspuren. Die eine führte zurück ins Leben, was mir durchaus gefiel. Die andere hielt mich immer noch im Windschatten der Trauer. Traurigkeit kannte ich. Als die erste Freundin mir den Laufpass gab oder als das Unglück eines Freundes mich berührte. Trauer dagegen ist anders. Sie ist dunkel, drückend, lebensmüde. Sie ist das Antiseptikum des Lebendigen und Farbenfrohen. Und sie ist obsessiv. In den ersten Wochen spielte sie unaufhörlich den Erinnerungsfilm ab. Dagegen konnte ich nichts machen. Ich besaß ein Dauerticket für diesen Film, der Szenen von Angelika abspulte. Wie sie lacht, sich begeistert, wie sie schläft. Erinnerungen an uns beide als Paar, als Eltern, als Liebende. Bei manchen Sequenzen möchte ich ihr am liebsten um den Hals fallen, sie spüren, ihr etwas Schönes sagen. Doch ich greife ins Nichts. Meine zärtliche Seite abgeschnitten, ohne Beziehungspunkt, ohne Resonanz, kaltgestellt. Ein Film ohne Popcorn, ohne Happyend mit einem nagenden Verlustgefühl. »Bilder von dir in meinem Kopf, Erinnerungen an dich, ich spüre dich noch, wie du da warst. Gestern, vorgestern, vor zwei Wochen, vor Monaten. Wo bist du jetzt?« Das ist die Matrix der Trauer. Untermalt mit Wut und Fassungslosigkeit. Es tut höllisch weh, der Loslassschmerz. Erleben Frauen etwas Ähnliches bei der Entbindung? Obwohl die Freude über das Neugeborene das aufwiegt. Das Loslassen in der Trauer hat kein äquivalentes Ergebnis. Außer der Schmerzminderung, die irgendwann einsetzt. Ein Mensch hat mich verlassen. Unwiederbringlich. Einer, den ich nicht verlieren wollte. Und der es auch nicht wollte. Es war keine einvernehmliche Trennung, sondern ein chirurgischer Schnitt des Todes. Dem war das völlig egal. Der operiert auch ohne Einverständnis, ohne Narkose. Wie es mir geht, das kümmert ihn nicht. Er hat seinen Job erledigt und einen Cut gemacht. Zwischen Menschen, die sich nahe waren, die sich liebten. That's life.

In den Filmpausen kroch das Gefühl der Einsamkeit in mir hoch. Manchmal hörte ich das Blut in meinen Ohren pochen. Ich lebe, aber wie?! Ist das nun die Zukunft vom Rest meiner Zeit?

Das kumuliert in der Trauer. Die verweigerte Zustimmung, die erzwungene Durchsetzung der Trennung, der eiskalte Schnitt, die gedankliche und gespürte Präsenz der Geliebten, die Permanenz des Verlustgefühls, die unmögliche Kompensation des Schmerzes. »Das halte ich nicht aus« war mein Lebensgefühl für Monate. Genug den Schmerz durchlebt, Doktor Freud? Sigmund Freud Freud machte den Begriff der Trauerarbeit auf. Der Hinterbliebene soll den Schmerz bewusst suchen und durchleben. Unterstützt von aktiven Erinnerungen an die gemeinsame Zeit. Ich denke, der Schmerz kommt von allein und durchleben muss man ihn als Betroffener ohnehin. In dem Punkt ist der Begründer der Psychoanalyse nicht sehr hilfreich.

Mein Trauern, das wurde mir allmählich bewusst, setzte eigentlich schon Jahre vor Angelikas Tod ein. Als sich abzuzeichnen begann, dass die Krankheitsentwicklung irreversibel ist und ein Fortschritt in der Therapie nicht zu erzielen ist. Die emotionalen Veränderungen bei meiner Frau, die nur noch seltenen Momente ihrer Fröhlichkeit und die herben Einbußen in der Lebensqualität schlugen mir aufs Gemüt. Es ging kaum noch um Lebenswertschöpfung, sondern nur noch um eine weitgehende Reduzierung von unerträglichen Störfaktoren, die den Lebenswillen massiv angriffen. Ein Alltag unter Morphium, Wundversorgung, Dreiviertel-Kraft-Reserven und Erschöpfung – macht das Leben so Spaß? Nein! Für keinen von uns. Leidet ein Glied, leidet der ganze Mensch. Das war schon Jesus klar. Immerhin stammt diese Aussage von ihm. »Ich bin nicht für die Gesunden gekommen, sondern für die Kranken.« Auch diese Sätze sprach der Gottessohn.

Wer weiß, wer diese Sätze ins Neue Testament geschmuggelt hat. Das Copyright hat der angebliche Verfasser scheinbar nicht. Oder warum sonst erfüllt sich dieses Wort nicht? Überhaupt, was ist eigentlich die Frohe Botschaft? Den EKD-Vorsitzenden jedenfalls brauche ich nicht zu fragen. Der kann die politische, aber nicht die spirituelle Tragweite erklären. Ist so mein Eindruck. Er möge es mir nachsehen.

Manchmal habe ich mich gefragt, woher dieser stark empfundene Verlustschmerz kommt und warum er selbst noch Monate nach Angelikas Tod nichts von seiner Intensität eingebüßt hat? Ich glaube, dass eine Liebesgemeinschaft das Muster einer Einheit aus Männlichem und Weiblichem bildet und ein Teil der individuellen Empfindsamkeit und Persönlichkeit wird. Romeo und Julia gehören zu den berühmten Liebespaaren, deren seelische Verbindung so miteinander verschmolzen war, dass der Tod des einen den der anderen zwangsläufig bedingte. Oder Tristan und Isolde, in Wagners Oper wunderbar umgesetzt. Gefühlschauer garantiert. Stirbt einer der Partner, bricht die Harmonie der Koexistenz auseinander – körperlich, seelisch, erotisch.

Der Verlustschmerz transportiert das Mangelerleben, dass da ein Seelenstück fehlt. Man verliert mit dem Tod der eigenen Frau nicht nur einen Persönlichkeitsanteil, sondern auch die Geliebte. Der Bedeutung des Eros-Verlustes wird in der Trauerforschung kaum Beachtung geschenkt. Was Sigmund Freud über den Todes- und Liebestrieb schrieb, über den die heutige Psychologie die Nase rümpft, trifft insofern zu, als die Libido auch in Zeiten der Trauer latent zugegen ist. Doch eine erfüllte erotische Beziehung, wie man sie mit der Partnerin hatte, ist nicht ohne weiteres reproduzierbar. Das ist ein Thema für die Lebens- und Zukunftsgestaltung und gehört zur Ganzheitsstruktur, die es zu bilden gilt. Das neue Lebenskonzept fliegt einem nicht zu.

Anfänglich verhielt ich mich wie ein uneinholbar von sich Forttreibender. Ein ruheloses Umherrennen, das den Sinn zu haben schien, in der Bewegung zu bleiben, um irgendwo in der Ferne wieder bei sich anzukommen. Wenn man sich die Füße wundgelaufen hat, und die Gesuchte nicht aufzufinden ist, nimmt die Realisierung zu, dass die Geliebte, die Frau, das Weibliche kein Teil mehr des eigenen emotionalen Haushalts ist.

Ich bin allein, ich muss mich neu organisieren und im Leben einrichten. Diese Wahrheit tut weh und befreit zugleich.

Um Frieden schließen zu können mit Angelikas Krankheit und ihrem tödlichen Ausgang, brauchte ich einen veränderten gedanklichen Haltepunkt. Einen Ort, der ein gänzlich von Gefühlen, Anklagen und Grummeln befreites Betrachten der Dinge ermöglichte. Ein neutrales Niemandsland, das sich nicht an religiöse Weltbilder, Moral oder Erklärungen klammern musste, um mit diesem »scheiß Schicksal« irgendwie fertigzuwerden. Die Existenzialisten haben es eigentlich gut formuliert: »Der Mensch ist allein und verurteilt frei zu sein.« Dieser Satz bewegte etwas in mir, lockte meine Ich-Kräfte aus der Reserve. Ich war auf dem besten Wege, mir das Religiöse als Alibi- und Schuldfunktion zurechtzubiegen. Genug damit, es ist Zeit, mein Archiv an Lebensentwürfen und Glaubenskonzepten gründlich zu entrümpeln. Weg mit Deutungsversuchen, die nichts erklären. Was hilft es mir, wenn ich die Ursachen der Ereignisse fremdverschiebe. Auf das Schicksal, von dem niemand klar sagen kann, was es dem Wesen nach eigentlich ist. Eine höhere Macht, ein Mythos, eine supranaturale Institution? Wer in empirischen Erklärungshorizonten bleibt, der kann sich davon freimachen, hinter der Unerklärbarkeit eines Ereignisses eine metaphysische Verschwörung zu vermuten. Es ist nur eine von unzähligen Varianten, die in dieser Welt passieren können, die mit einem unendlichen Reservoir an Möglichkeiten ausgestattet ist. Das Diesseits folgt seinen eigenen, souveränen Gesetzmäßigkeiten.

Da lobe ich mir Kant. Seine Philosophie kann einen verwirrten Geist wunderbar einfangen. »Die Aufklärung begann mit zwei Feuerwerken (…) mit der Entwicklung einer philosophischen Ethik, die an die Stelle des Schicksals die Vernunft setzte und (…) mit der systematischen Religionskritik, die das Menschengemachte in die Hände der Menschen zurücklegte.«[59] Das Menschliche wieder in den Handlungs- und Erklärungsbereich des Menschen bringen. Dieser Gedanke von Robert Menasse gefällt mir. Übernatürliche Erklärungen machen dann Sinn, wenn ich mit dem Übernatürlichen auch kommunizieren kann. Das aber geschah nicht bzw. nicht wahrnehmbar für mich. Also bediene ich mich meines Verstandes und akzeptiere das Einsichtige.

Ich fokussierte mich auf einen mentalen und emotionalen Restart – Besinnung auf das Einfache, Naheliegende und auf das Prinzip des Machbaren. Wir müssen nicht hinnehmen, was uns angeblich bestimmt ist. Wir können handeln, Alternativen auftun, Lösungen herbeiführen. Und da zurücktreten, wo sich das Leben dem menschlichen Zugriff entzieht. »Macht euch die Erde untertan«[60] vielleicht auch als Prinzip der praktischen Vernunft und der Selbstbestimmtheit gedacht. Als mir das bewusst wurde, konnte ich den schwierigen, traurigen Ereignissen ihr Dasein zugestehen.

Auch das gehört zum Archetypus des Kriegers, dass er Sieg und Niederlage gleichermaßen akzeptieren kann. Der in der Managementszene propagierte Siegertyp hat mit diesem Urbild des Kriegers wenig gemein. Archetypen als Bilder des kollektiven Unbewussten erscheinen uns im Traum oder als grundlegende Emotionen. In uns als Familie wurde das Urbild des Kriegers virulent. Wir hatten gekämpft, selbstbestimmt, stets nach Alternativen suchend gehandelt, die beste aller möglichen Lösungen in Betracht ziehend. Wir hatten Widerspruch gegen eine medizinische Therapie eingelegt, die sich als alternativlos sieht. Und wir hatten uns von der alternativen Medizin verabschiedet, als sie an ihrem Alternativanspruch zu scheitern drohte. Wir haben gehandelt, unsere Taktik und Strategie der Behandlung den jeweiligen Umständen angepasst, und wir waren bereit, Fehler zu korrigieren. So wie wir gehandelt haben, war es gut. Entscheidungen zu treffen, ist ein Prinzip der Freiheit. Wir können wählen. Die Vielfalt der medizinischen und therapeutischen Angebote ermöglicht es uns, gegenzusteuern. Wie das ausgeht, ist solange nicht entschieden, wie wir das Prinzip des Handelns als Korrektur und Optimierung anwenden. Manches, was uns widerfährt, lässt sich verstehen und erschließt sich, anderes eben nicht. Akzeptieren können und müssen wir am Ende beides. Ob es uns schmeckt oder nicht. Angelikas Krankheitsgeschichte »wertfrei« zu akzeptieren, erleichtert etwas und befreit vom spekulativen Zwang. Vielleicht steckte dahinter keinerlei Absicht oder Plan. Es ist einfach passiert und niemand hat es so gewollt. Kein Gott, kein Schicksal, keine feinstofflichen Prinzipien, kein Zufall. Nicht einmal die Evolution selbst? Meinen Fragen nach den Ursachen, so wirkte es im Rückblick auf mich, haftete etwas Kleinbürgerliches und Advokatisches an. Ich suchte einen »Schuldigen«, über den ich herfallen und ihn windelweich schlagen konnte für das erlittene Unrecht, die körperlichen und seelischen Schmerzen. Das ist die Dynamik von Zorn und Rache. Was die vermeintlich unerklärlichen Ereignisse in unserem Leben betrifft, gibt es den Deutungsansatz der »Schicksalsgesetze«[61], die das Verursacherprinzip in den eigenen Reihen der Menschen selbst sehen. Würde ich diesen innerpsychischen Spielregeln weiter auf den Grund gehen, fände ich mich wohl in einem nicht enden wollenden Selbsterforschungszyklus wieder. Das ist mir zu stressig. Habe mir eh schon einen Knoten ins Hirn gedacht. Das wollte ich jetzt nicht tun. Ich brauchte einen freien Kopf. Ich hatte mich gedanklich verstrickt und emotional aufgerieben. »Ein Boot, das nicht angebunden ist, treibt mit dem Strom«, heißt ein chinesisches Sprichwort. Das hat etwas Beruhigendes an sich, loslassen können, sich treiben lassen und dennoch irgendwo ankommen. Lass ich mich doch einfach mal überraschen. Leer werden von meinen Vorstellungen und Glaubensbildern, danach sehnte ich mich. Ich entschied mich für einen mentalen Crashkurs und zog mir häppchenweise die Hardliner der Religionsphilosophie rein. Das perfekte Brainwashing gegen die Tristesse.

Trauerarbeit muss ich lernen. Trauern ist eine multiple Organisationsarbeit der Psyche, die abwechselnd in einen aktiven und passiven Modus schaltet. Häufig überwiegt der passive. Das Gefühl des Verlustes ist wie ein hermetisch versiegelter Raum. So kam mir das in den ersten Wochen und Monaten vor. Das Gefühl der Trauer lag schwer auf meiner Brust und dominierte meine Stimmungslage. Aber es steckt auch diese aktive Energie in ihr, die bei der Aufarbeitung des Verlust-Traumas unterstützt, die damit zusammenhängenden Gefühle und Gedanken zu heilen.

Sie führt die energetischen Anteile des verlorenen Partners aus dem Seelenhaushalt in die Freiheit, sammelt und stärkt die Ich-Kräfte und schafft die emotionalen Voraussetzungen für ein Leben als Single. Das erschien mir anfangs als nahezu unmöglich, wieder ein Leben im Ich-Modus führen zu können. Heute gelingt mir das schon besser, doch ich spüre den Wunsch, mich mitzuteilen, Gedanken und Gefühle mit jemandem auszutauschen. Jetzt, wo meine Frau nicht mehr bei mir ist, wird mir erst richtig bewusst, auf wie vielen Ebenen diese Gemeinschaft und Kommunikation ablief.

Habe ich einen an der Waffel?

Manchmal komme ich mir vor wie Kasper Hauser. Dieses plötzliche und ungewohnte Alleinsein hat etwas von Hospitalismus. Ich führe Selbstgespräche. Das hatte ich früher beim Studieren gemacht und wenn ich mich konzentrieren musste. Habe ich also schon einen an der Waffel?, frage ich mich. Die Häufigkeit hat drastisch zugenommen. Auf dem Weg zur Bahn, von der Bahn zur Arbeit, auf dem Weg nach Hause, morgens nach dem Aufstehen. Aber ich kann mich beruhigen. Autokommunikation, wie die Psychologie das nennt, ist nicht krankhaft, wie in der bewährten Apothekenumschau mit ihrem unverkennbaren Logo in einem aufschlussreichen Artikel zu lesen ist. Selbstgespräche helfen beim Ordnen von Gedanken und Ideen und haben einen »besseren Merkeffekt«, wie der Psychiater und Psychotherapeut Dirk Wedekind ausführt.[62] Es gibt aber auch eine symptomatische Grenze, an der Selbstgespräche Anzeichen einer psychischen Störung wie Depression oder Demenz sein können. Hätte ich den Artikel bloß nicht weitergelesen. Als hypochondrisch veranlagter Mensch muss ich gleich den Selbsttest machen, ob das bei mir zutrifft. Ja, ich wiederhole manchmal dieselben Sätze, vor allem wenn ich zornig bin. Ja, ich schimpfe manchmal laut vor mich hin, auch in öffentlichen Räumen, gerne dann wenn die Bahn wieder einmal Verspätung hat oder nicht losfährt und die Zugbegleitung nicht informiert. Zum Glück relativiert ein Fachmann im Artikel den »Krankheitsbegriff«. Bedenklich sei es, wenn man Stimmen hört. So weit ist es zum Glück noch nicht. Meine Selbstgespräche fingen verstärkt an, als es Angelika immer schlechter ging und ihr Allgemeinzustand in den kritischen Bereich kippte. Ich suchte ein Ventil, über das ich das Ganze verarbeiten konnte. Ihr Zustand und diese Vorboten des Sterbens beschäftigten mich bis in meine Träume. Ich nahm vieles unterbewusst auf, und es wirkte sich auf meine Gedanken, Gefühle und Stimmungen aus. Ich verlor an Spannkraft und Dynamik. Die Besuche im Fitnessstudio wurden seltener. Und der Effekt war längst nicht mehr so wie früher – statt ausgepowert und happy, versagte das Serotonin seinen Dienst. Ich quälte mich. Ich konnte schlecht damit umgehen, dass ich etwas für meine Konstitution, Kondition und Kraft tue, während meine Frau diese immer mehr einbüßte. Mir gelang es nicht, im Kopf abzuschalten und mich auf das Training zu konzentrieren. Sich Gutes gönnen, während die Partnerin um ihr Leben und um Momente von Freude kämpft, ging nicht zusammen. Ich hatte einfach keinen Spaß mehr an den Dingen, die mir sonst Spaß machten. Ich lebte in einer inneren Zerrissenheit. Schon arbeiten zu gehen, bereitete mir Schuldgefühle. Ich darf noch am Leben teilhaben, während für meine Frau die Daseinsnische enger und enger wurde. Allein diese Vorstellung ließ mich zusammenkrampfen. Ständig begleitete mich diese innere Unruhe und Hetze, bloß nicht zu lange von zu Hause wegbleiben, es könnte ja irgendetwas passieren und ich wäre nicht da. Erschien die Mobilnummer meiner Tochter auf meinem Display zuckte ich zusammen. Jeder Anruf könnte eine Hiobsbotschaft sein. Mir hatte es schon gereicht, bei meinen Eltern zu spät zu kommen und am Telefon die traurige Nachricht zu erfahren.

Ich wollte bei Angelika sein, wenn es so weit ist. Sie sollte dann meine Tochter und mich noch einmal spüren und unsere Gesichter sehen können. Dass diese Eindrücke und unserer Küsse der letzte Anblick und das letzte Gefühl sind, was sie von dieser Welt mit auf ihre Seelenreise nimmt. Dafür hatte ich sogar gebetet und eine Kerze aufgestellt. Wenigstens das sollte sich erfüllen!

»Trauer ist ein seelischer Prozess, in welchem das Individuum einen Verlust verarbeitet.«[63] Meine Selbstgespräche hatten in den kritischen Phasen eine Entlastungsfunktion, mir das Belastende von der Seele zu reden und mein Trauermanagement besser geregelt zu bekommen. Trauer ist ein komplexer, seelischer Arbeitsprozess. Die Energie der Trauer ähnelt einem Musikstück mit verschiedenen Phrasierungen und Tempowechseln. Mal hat sie diese ruhende, fast paralysierende Energie des »Ich verschlucke dich jetzt«. Sie nimmt einen dann in Beschlag und lähmt die Energie. Man muss es aushalten. Dann wiederum treibt die Trauerarbeit einen in die Hyperaktivität oder ruft den Zorn auf den Plan. Das ist eine ihrer aktiven Seiten. Die Facetten des Trauermanagements kennenzulernen, ist ein spannendes, aber auch brutales Unterfangen. Anfangs fiel es mir schwer, mich weiterhin auf dieses merkwürdige Leben einlassen zu wollen. Wo eine große Leere entstanden ist, möchte man sich am liebsten genau in jenes Loch fallen lassen, das sie aufgerissen hat. In der Welt sein, ohne die Geliebte? Unvorstellbar! Zum Glück hatte die Lungenembolie einen Kontrapunkt zu meiner Drift ins Depressive gesetzt. Es war mir in der akuten, lebensbedrohlichen Situation wichtig, eine Entscheidung für das Bleiben zu treffen. Meiner Tochter zuliebe und auch meiner Frau. Es hätte ihr sicherlich nicht gefallen, wenn ich so kurz nach ihr ebenfalls von der Lebensbühne abgetreten wäre.

Die lange Zeit der sich dahinschleppenden Krankheit und der moribunde Prozess hatten ihre Spuren in mir hinterlassen. Unschöne Träume, Schlafstörungen, Ängste, mangelndes Vertrauen ins Leben, in mich selbst. Immer wieder tauchten in mir die Bilder auf, wie die Krankheit den Körper meiner Frau vernichtete, wie die Giftstoffe ihr System überschwemmten und die Abwehrpolizei an gesunden Zellen von der Invasion überrannt wurden. Das schockierte mich. Die Sterbebegleitung, der Tod und die Beisetzung meiner Frau – das hatte mich zusätzlich im Mark getroffen. Erst jetzt, wo ich nicht mehr so intensiv gefordert war und funktionieren musste, machten sich die Auswirkungen bemerkbar. Der übliche Stress hatte etwas Ordnendes und hielt die emotionale Überflutung zurück. Das Unterbewusstsein gab jetzt mehr Informationen frei. Manchmal fühlte es sich an, als stünde ich in einem schleudernden Bus ohne Haltegriff.

Ich informierte mich im Internet über Traumata. Auf einem Neurologen-Portal las ich dazu: »Als Reaktionen auf schwere Belastungen und Anpassungsstörungen werden psychische bzw. emotionale Beeinträchtigungen bezeichnet, die nach (extrem) belastenden Ereignissen oder einschneidenden Veränderungen im Leben eines Menschen auftreten (z.B. Erkrankung, Todesfall, Trennungen, Konflikte, Elternschaft etc.). Diese Situationen können krankheitsauslösend sein, wenn sie von den Betroffenen nicht adäquat verarbeitet werden bzw. keine erfolgreiche Bewältigung und Anpassung gelingt. Verschiedene psychische, körperliche und soziale Symptome – wie Angst, Unruhe, Schlafstörungen, Depressivität und Verhaltensveränderungen – können folgen, die zur Beeinträchtigung im Alltag und zu subjektivem Leid führen.«[64]

Weil ich alle diese, zum Teil neuen Erfahrungen emotional und auch kognitiv nicht einordnen konnte, erschien es mir sinnvoll, einen Fachmann aufzusuchen. Ich wollte diesen Gefühlen, Ängsten und dieser Traurigkeit nicht ausgeliefert sein. So kam es mir jedenfalls vor. Ich hatte Angst vor einem Kontrollverlust. Aus der psychotherapeutischen Praxis meiner Frau wusste ich, wie schmal der Grat zwischen emotionaler Belastung und Überflutung sein kann. Und dann immer wieder diese stark besetzten Auslöser, die verschiedenste Gefühle und eine tiefe Sehnsucht in mir wachriefen.

Manchmal reichte ein Parfümduft, ein visueller Eindruck, ein Musikstück oder irgendetwas, das mich an Angelika erinnerte, und schon brach ein emotionaler Damm. Das fand ich blöd und nicht sonderlich männlich. Ich wollte für mich eine Steuerung finden, um von meinen Gefühlen nicht beherrscht zu werden. Der Therapeut erklärte mir, dass diese emotionalen Assoziationsketten durchaus »normal« seien. Ich konnte mir ein kleines »Verhaltenstraining« aneignen und das Erlebte emotional aufarbeiten. Durch die therapeutische Unterstützung und im Zusammenspiel mit meinen Ritualen gelang es mir, mit den emotionalen Überschussenergien immer besser klarzukommen, mich neu zu sortieren und mich auf mein Leben zu konzentrieren.

Gut, leb ich eben weiter

Ich traf einen Entschluss. Ich versuch es mal weiter mit dem Leben. Ich baute als Motivation, mich weiter auf diesen Zirkus hier einzulassen, kleine Rituale in meinen Alltag ein. Auch, um Abstand zu diesem ganzen »Trauer- und Trübsinns-Ballast« zu schaffen. Die mir helfen, die Erfahrungen der letzten Zeit zu integrieren und die lebensbejahenden Kräfte in mir wieder auf Vordermann zu bringen. Denn manchmal halte ich mich selber einfach nicht mehr aus. Genug geweint, genug getrauert, genug das Leben, Schicksal und die Welt auf die Anklagebank gesetzt! Davon wird Angelika auch nicht mehr lebendig. Nein, ich möchte nicht als tragikomische Figur enden. Ich starte das Break-Programm. Dann ziehe ich mir ein paar knackige Rock-Songs oder Hip-Hop rein. »Lass die Sonne rein« von den Fantastischen Vier ist einer meiner Lieblingssongs: Der hat etwas Lässiges, entkrampft meine bisweilen melodramatischen Zustände. Guter Hard Rock tut es auch. Oder ich schaue mir eine Komödie an. Mal wieder die Lachmuskeln trainieren. Auf jeden Fall Abwechslung und eine angemessene Gewichtsverteilung der seelischen Stimmungen. Rituale helfen uns, »auftretende Spannungen und Schmerzen in positive emotionale Energie umzuwandeln, die neues Bewusstsein erzeugt und subtile Wahrnehmungsprozesse in Gang setzt. Das Ritual führt uns ins Innere des Wandlungsvorgangs und gibt uns Mut, bewusst daran mitzuarbeiten, statt auszuweichen und davonzulaufen.«[65]

Das waren mein Ziel und meine Hoffnung, das Erlebte in eine positive und aufbauende Energie zu verwandeln, das Prinzip des Handelns wieder zu leben, mich in meiner neuen Rolle zurechtzufinden. Denn ich war jetzt kein Ehemann mehr, kein Liebespartner und kein Versorger. Ich war auf die wohl radikalste Art und Weise von meinen Verpflichtungen entbunden. Der Tod hatte uns geschieden.

Die Aufarbeitung des Geschehen und die Single-Synchronisation meiner neuen Wirklichkeit sind immer noch eine Konstante in meinem Leben. So wie das Aufsuchen von Orten der Erinnerung und der inneren Sammlung. Zum Friedhof ans Grab meiner Frau gehen und mit ihr sprechen. Vielleicht hört sie ja zu, der unsterbliche Teil ihres Selbst. Wie sollte ich die Kommunikation auf Null herunterfahren können, wenn diese für eine so lange Zeit ein wichtiger Teil in meinem Leben war?! Ich möchte das Gespräch mit ihr langsam ausklingen lassen. Ähnlich dem Abspann eines Films, in dem alles aufgeführt ist – Darsteller, Casting, Regieassistenz, Musik, Komponist, Beleuchter, Produzent, Regisseur, Filmstudio. Ich schildere der imaginären Präsenz meiner Frau dann gerne Szenen, Handlungen, Eindrücke über den Film ihres Lebens, soweit ich darin mitgewirkt habe. Was mich besonders berührt hat, woran ich immer wieder viel und gerne denken muss. Auch Dinge, die mich geärgert haben und die ich bereue. Kleine Anekdoten und

Eigenheiten, über die wir lachen mussten oder uns gestritten haben. Ich lasse sie teilhaben an meinen Eindrücken aus der Zeit ihrer Krankheit, wie mutig und tapfer sie war. Und wie sie gestorben ist. Und ich erzähle ihr von den Menschen, die sie vermissen. Die Würdigung eines Lebens als Abspann. Der Hauptfilm ist leider vorbei.

Das Grab meiner Frau zu pflegen, ist Teil der Neuorganisation meines Beziehungsstatus und Lebens als Mann ohne Partnerin. Es ist jener Platz, wo unser gemeinsamer Weg endete. Es zu pflegen hilft mir, mich immer mehr an die veränderte Situation zu gewöhnen und dem Leben wieder mehr Raum zu geben. Mein Herz ist der Ort, an dem ich die Erinnerungen an Angelika bewahre.

Spaziergänge, ein magischer Du-Bezug. »Luft und Bewegung sind die eigentlichen geheimen Sanitätsräte«, schreibt Theodor Fontane. Auf meinen Spaziergängen durch die Natur fühle ich mich der schöpferischen Intelligenz ein Stück näher. Eine gute Gelegenheit, sie an meinem Gefühlsleben und meinen Gedanken teilhaben zu lassen. Auf meinen Wegen treffe ich auf Freilandkreuze. Symbole, die an den Leidensweg Christi zum Kalvarienberg erinnern. Wie oft war ich mit meiner Frau in dieser schönen Gegend und den umliegenden Wäldern unterwegs. Vertieft in Gespräche oder einfach nur schweigend und die Stille genießend. In den ersten Wochen nach Angelikas Tod schritt ich regelmäßig meine persönliche »Via Dolorosa« ab. Vorbei an den Kreuzen zu einer Kapelle.

Es tat gut, einen Anlaufpunkt zu haben, der um den Schmerz von Tod und Verlust weiß. Fühlte sich nicht auch Jesus von Gott selbst verlassen? Dieses Mysterium habe ich bis heute nicht verstanden. Der schweigende Gott, der dem Leiden seines Sohnes zusieht. War das ein kosmisches Signal an die Menschheit und eine geschichtliche Zäsur: »Ich, Gott, schweige ab jetzt zu eurer Not.« Wenn er hier schon nicht intervenierte, wieso sollte er es dann bei uns Menschen tun? Ich nehme es mal als ein Geheimnis des Glaubens hin.

In der Natur erlebe ich einen Du-Bezug. Lässt man einmal das Verständnis der mechanistischen Naturwissenschaften beiseite, dann kann man sie durchaus als eine lebendige Welt erleben, durchdrungen vom Geist der Schöpfung. Wer auch immer sie ins Leben gerufen hat. Alles ist beseelt und kommuniziert miteinander, ohne dass ich in eine Naturromantik verfallen möchte. »Die aufklärenden Naturwissenschaften sorgten für eine Entzauberung der Welt«, meint der Professor für Wissenschaftsgeschichte, Ernst Peter Fischer[66]. Die Phänomene der Natur stecken voller Geheimnisse, schreibt er und nimmt den Leser mit auf eine faszinierende Reise durch die Naturwissenschaft.

Einen erstaunlichen Einblick in das geheime Leben der Bäume«[67] gibt der Förster Peter Wohlleben. Er präsentiert sie dem Leser als höchst sensible, kommunikative und intelligente Organismen. Schauen wir über den Tellerrand der Holzwirtschaft, die Bäume als Ware und Industriegut sehen, dann erinnern wir uns vielleicht an den »Baum der Erkenntnis« im Alten Testament oder die Heiligen Bäume in Kulturen und Religionen. Bäume galten als Wohnsitze der Götter, als Heimat von Geistern und Elfen. Bücher wie »Der Herr der Ringe« oder »Die Nebel von Avalon« sind auch Geschichten über die Magie der Natur. Der Eichenwald von Brocéliande in der Bretagne ist der Legende nach der Zauberwald des sagenumwobenen Magiers Merlin und eine der Touristenattraktionen in der Region. Hier soll sich die Artus-Sage abgespielt und König Artus mit den Rittern der Tafelrunde nach dem Heiligen Gral gesucht haben. Der Geschichtstreue zuliebe ist anzumerken, dass auch die Briten Artus für sich beanspruchen.

»Hat aus Sicht der Quantenphysik das Weltall mit einem Urknall begonnen, ist der absolute Anfang im Mythos mit dem

Weltenbaum verbunden. Der Weltenbaum ist das Universum als eine organische, zusammenhängende Einheit. Er ist das Lebensgewebe.[68] Neben dem Baum der Erkenntnis ließ Gott im Paradies auch den Baum des Lebens wachsen. Die Geschichte ist bekannt, welcher die größere Anziehungskraft ausstrahlte.

Manche Menschen nehmen Wesenheiten in Bäumen wahr und sprechen mit ihnen. Dergleichen ist mir noch nicht passiert. Dafür habe ich wohl keine Ader. Doch genieße ich die Atmosphäre und Ausstrahlung der Natur, das Rauschen der Blätter und die beruhigende Wirkung auf meine Seele. Das ist für mich Poesie des Herzens. Und davon kann ich eine Menge vertragen. Ich beginne, die Leere, die durch Angelikas Tod entstanden ist, wieder langsam aufzufüllen. Auch wenn mir das nicht leichtfällt und sich immer wieder Schuldgefühle einschleichen: »Darf ich das? Ist das in Ordnung?« Das Leben macht nicht halt vor uns, ebenso wenig der Alltag. Ich brauche neue Inspirationen, Menschen, die wichtig für mich sind. Ich möchte mich ausdehnen. Und auch das Thema Eros wünscht eine Lösung. Doch das ist nicht so einfach, weil er bisher an eine innige Beziehung und erotische Kultur geknüpft war, die über Jahre aufgebaut wurde. Das kann ich nicht einfach austauschen. Sublimation ist momentan der einzig gangbare Weg. Auch in anderen Bereichen gibt es eine Hürde des Sich-Zugestehens. Doch ich übe das Abgrenzen und mache mir dann immer wieder bewusst, wo mein Platz ist – hier in diesem Leben. Mein Learning aus den Spaziergängen: Die Natur öffnet das Herz, und sie schenkt neue Perspektiven.

Tagebuch schreiben – mentale Verarbeitung. Ich machte mich nach langer Zeit wieder ans Tagebuchschreiben. Es half mir, meine Gefühle und Gedanken zu sortieren. Man nimmt die Dinge ruhiger in den Blick, gewinnt eine wohltuende Distanz. Neue Gedankentüren tun sich auf. Ich nutze es auch als Buch für meine Träume, die Urbilder des Unbewussten. Dazu notiere ich mir Assoziationen. Man kann seine Ausführungen mit Fotos, Zeichnungen oder Skizzen anreichern. Durch das Schreiben finde ich zu einer inneren Ordnung und Struktur. Es sind Momentaufnahmen der Gefühle und Reflexionen. Tagebuchschreiben dokumentiert die persönliche Entwicklung, wo es noch klemmt, was sich schon lösen und verändern konnte, wo Hoffnung und Zuversicht aufblitzen. Ich nehme aufmerksamer wahr, kann mich durch das Schreiben vergewissern, auf welchem Kurs ich mich bewege. Manches entgeht mir in der Geschäftigkeit und Gefühlsmengenlage. Durch das Schreiben wird der Wahrnehmungsfokus schärfer. Es gibt eine Technik im kreativen Schreiben, die sich Écriture automatique nennt, automatisches Schreiben. Man schreibt einfach drauflos. Das Schreiben folgt unzensiert den Gedanken, es ist ein Diktat des Denkens. Es bietet sich an, wenn man nicht weiß, wie man das Schreiben anpacken soll. Automatisches Schreiben verhilft dem eigenen Unbewussten zum Ausdruck. Die einzige Regel ist, ununterbrochen zu schreiben. Grammatik, Rechtschreibung, Stil – alles nicht wichtig. Alles aufschreiben, was der Strom des Bewusstseins und der Emotionen vorgibt, ist die Devise. Im Falle einer Trauerverarbeitung ist das automatische Schreiben ein emotionales Diktat. Ich habe zum Teil bis zu einer Stunde ununterbrochen geschrieben. Texte, die etwas verbalisieren, von dem ich nicht einmal wusste, dass so etwas in meinem Unbewussten existiert. Automatisches Schreiben ist ein Reinigungs- und Befreiungsakt. Quasi ein therapeutisches Gespräch mit mir selbst und dem Papier.

Nachlass ordnen oder ein Leben abwickeln?

Mit der Vergangenheit aufräumen. Der Abschied von Angelika – Sterbebegleitung, letztes Geleit, Beisetzung – erforderte jetzt einen weiteren letzten Schritt. Die Regelung ihres Nachlasses an persönlichen Dingen. Auch hier stand eine Trennung an. Rituale, wie die religiösen Handlungen rund um die Beerdigung, haben die Funktion, Menschen in schwierigen Übergangssituationen zu begleiten und ihnen den Abschied zu erleichtern. Und manchmal ist es eine endgültige Trennung ohne Chance auf ein Wiedersehen. »Das Ritual erinnert uns an Trennung und Wiedervereinigung, an Handeln und Abwarten, an Tod und Widergeburt.«[69] Ich spürte in mir noch ein Gefühl der Tabuisierung. Nur allzu gut hatte sich mir eingeprägt, wie sehr Angelika an allem hing, wie wichtig ihr jedes Detail war und wie sorgsam sie mit ihren persönlichen Dingen umging. Das hatte etwas Besonderes. Sie schenkte allem viel Aufmerksamkeit und Wertschätzung. Und das jetzt einfach entsorgen? Manchmal machten ihre Sachen den Eindruck auf mich, als ob diese mit ihrem Wesen energetisch aufgeladen seien. Ich klammerte mich daran. Ich klammerte mich an sie. Doch es half nichts. Diese Hürde musste genommen werden.

Beim Aufräumen fielen mir viele Dinge in die Hände, die mir unbekannt waren. Unter anderem ihr Tagebuch mit Notizen zur Krankheit, zu ihrem Befinden, ihren Hoffnungen, über das Abschiednehmen und Sterben. Ich konnte nur kurz darin lesen, weil es ihre Aufzeichnungen waren. Aber was ich las, zeigte, dass sie immer wusste, wie es um sie stand. Ihre tiefen spirituellen Gedanken und ihr Ruhen in Gott bewegten mich. Wir holten uns Hilfe für das ›Abschiednehmen‹ von ihren Sachen. Ich schaute mir verschiedene Anbieter an. Die meisten inserieren unter Haushaltsauflösungen und Entrümpelung. Völlig unpassende Begriffe. Doch so ist es nun einmal. Auch die materiellen Dinge aus dem Leben eines Menschen werden Teil des natürlichen Kreislaufs – sie werden entsorgt und teils weiterverwertet. Vieles ging an soziale Einrichtungen. Wir behielten die Dinge, die für uns eine tiefergehende Bedeutung haben und uns am Herzen liegen. Allein Angelikas Bibliothek mit Fachbüchern, die Tausende von Euro gekostet haben und die Teil ihrer Bildungsgeschichte und ihres Berufslebens waren, landen als minderwertige Ware bei irgendwelchen Zweitverwertern. Das ist schon ein sehr seltsames Gefühl. Wenn ich daran denke, was einmal mit meinen Büchern passieren wird. Viele mit Notizen und Zetteln bespickt, intensiv durchgearbeitet. Symbole meiner Ausbildung, auf die ich sehr stolz bin, werden als Recycling-Rohstoff in der Papierindustrie landen oder, wenn sie Glück haben, in einem Secondhand-Laden. Allerdings befürchte ich, dass dafür in der digitalen Welt kaum noch Platz sein wird.

Meine Bibliothek könnte ich heute bequem auf ein Tablet oder einen eBook-Reader packen. Die Ökonomie des Raumes hat etwas Asketisches. Smartphones, Displays und die fortschreitende Digitalisierung unserer Lebenswelt machen vieles überflüssig. Es wird weniger für ein Maximum gebraucht. Heute können schon USB-Sticks dank Nano-Technologie bis zu einem Terrabyte Daten speichern.

Von Jogis, Mönchen und Asketen ist bekannt, dass sie nur wenig an Materiellem brauchen. Das Universum in sich zu erfahren, ist von Besitz und Gütern völlig unabhängig. Treffen sich da zwei Parallelen? Wenn auch völlig unterschiedlich in ihrer Philosophie? Die technologische Reduzierung und das innere Leerwerden?

Die Steuerung seines Alltags und Lebens regelt der moderne Mensch über den Mikrokosmos mobiler Displays, das Gotteserlebnis findet innerhalb einer durchschnittlich 1,7 m^2 umfassenden Körperoberfläche statt. Es braucht wenig, um sich in dieser Welt wohlzufühlen. Warum nur verbraucht die Menschheit dann pro Jahr 3,5 Erden an Ressourcen?

Askese wurde für mich ein Leitbegriff in den letzten Monaten. Nicht, dass ich Tabula rasa machte und alles weggab oder mich dem Antihedonismus verschwor. Nein, es war mehr ein mich Befreien von Gedanken, Gefühlen und Vorstellungen, die meine Seele nicht zur Ruhe kommen ließen. Wie meine Lieblingsgefühle Zorn, Rachsucht, Schuldvorwürfe, Unversöhnlichkeit.

Nichts wert zu sein, Gott nichts wert zu sein, war ein schlimmes Gefühl, das mich bisweilen mit hitzigen Emotionen und Fantasien auflud. Ich musste immer wieder daran denken, was der Tumor bei Angelika angerichtet hatte. Wie er ihr Leben auslöschte. Ohne Wertschätzung, ohne Würdigung, ohne Rücksicht. Wie kann der unbewegte Beweger diesen Widerspruch der Schöpfung nur zulassen? Aber es half nichts. Ich ahnte, entweder schließe ich einen Friedenspakt mit der Welt, wie sie ist, oder ich drehe irgendwann komplett durch. In meinem Zorn schlummerte die tiefe Sehnsucht nach Wertschätzung, Liebe, Geborgenheit. Die Verunsicherung machte mich auf eine gewisse Art krank.

Einen Menschen auf brutalste Art und Weise durch Zufall, Schicksalsschläge oder Willkür sterben zu lassen, empfand ich als ein Generalverbrechen am Sinn der Schöpfung und der Humanität. Wir Menschen haben gewisse Wertvorstellungen von Liebe. Verhaltenspsychologen würden sagen, dass Gewalt und Liebe in einer Beziehung nicht zusammenpassen, das widerspreche sich. Die Liebe Gottes und die Unbarmherzigkeit tödlicher Krankheiten – wie geht das zusammen?

Ich konnte bei vielen dieser wunderbaren Frauen, die mit Angelika auf der onkologischen Station lagen, erleben, wie die tieferen Frage hinter dem »Warum ich?« lautete: »Warum liebt mich das Leben nicht mehr? Warum tut es mir das an? Was habe ich nur getan?«

Niemand kann sich von solchen Fragen freisprechen, der persönlich oder bei einem Angehörigen etwas Ähnliches erlebt hat. Die Diagnose Krebs und die Prognose eines möglichen absehbaren Lebensendes ist auch eine Infragestellung des eigenen Selbst- und Stellenwertes. Das verletzt ungemein. Mit diesem Punkt bin ich noch nicht fertig. Es gibt doch nichts Schöneres, als am Ende seines Lebens auch das Fazit ziehen zu können: »Ja, ich wurde geliebt, ich war hier auf dieser Erde, in meinem Leben, meiner Familie, meinem Beruf willkommen.« Wer auf der Palliativstation mit größten Schmerzen aus dem Leben abkommandiert wird, bei dem wird diese Grunderfahrung allerdings überschattet. Sie verliert an Wert.

Mir hilft in diesem Moment, wenn ich mir Angelikas letzten Lebensmoment in Erinnerung rufe. Den erlösten, friedvollen Ausdruck. Dass in diesem Hinübergehen bei ihr etwas geschehen ist, was die verwundete Seele heilt. Ich kann es nicht anders benennen als das Geheimnis des Sterbens.

Wir verlassen diese Welt so, wie wir sie betreten haben – mit nichts. Bei der Geburt verhilft uns die Hebamme mit einem leichten Klaps, falls nötig, zum ersten Schrei, der uns automatisch nach Luft schnappen lässt, sodass die Lunge sich entfaltet und der Kreislauf sich umstellt. Das ist der erste entscheidende Schritt an die Anpassung des Lebens außerhalb des Mutterleibes. Das Leben beenden wir mit einem letzten Atemzug und Herzschlag. Es ist ein Geschenk, wenn uns nahestehende Menschen beim Übergang in die andere Sphäre begleiten. Ein wichtiges Ritual des Loslassens. »Danke, dass du hier warst und uns so viel Freude und Liebe geschenkt hast. Wir übergeben dich jetzt der größeren Ordnung.« Die aufgestellte Kerze leuchtet der Seele und hilft ihr, sich zu orientieren. Davon war ich schon immer überzeugt, von einem Leben nach dem Tod. Was Angelika zu ihren Lebzeiten gehörte, und sie jetzt zurückgelassen hatte, übergebe ich an den Kreislauf des Lebens.

Der Glanz ihrer persönlichen Dinge ist verblasst. Einzig Bilder von ihr und ihre Briefe sind für mich wichtige Schätze, die ich gerne aufbewahre. Aufräumen, Platz schaffen. Loslassen. Ich nehme mir vor, mich jetzt schon so weit wie möglich von eigenen Dingen zu trennen, die einen Museumscharakter haben. Es gibt nur eine Daseinsform, das Hier und Jetzt. Und in dieser hat die Vergangenheit nur ein sehr eingeschränktes Bleiberecht.

Die Gretchenfrage an mich selbst

Wie halte ich es nun mit der Religion? Ich befand mich in einer sehr ehrlichen und lebendigen Auseinandersetzung. Und auf der Suche. Mein Korsett des Religiösen war definitiv zu eng. Überschattet von Frustrationen, Enttäuschungen und Imagines, die ich schon in Udo Lindenbergs »Interview mit Gott« als ebenso treffend wie seltsam zugleich getextet und besungen empfand. In diesem Song geht es um die seit Jahrhunderten gestellte Theodizee-Frage, warum Gott das Leiden in der Welt zulässt, wenn er doch ein Liebender und Gerechter ist? Zu dieser Frage gibt es einen spannenden Disput zwischen dem Mathematikgenie, Philosophen und Physiker Gottfried Wilhelm Leibniz (1646-1716) und dem französischen Philosophen Pierre Bayle (1647-1706). Beide arbeiteten ihr Leben lang an dem Verhältnis von Glauben und Vernunft. Bayle zerpflückte das Christentum als vernünftige Religion. »Wenn der Mensch das Werk eines einzigen Prinzips ist, das im höchsten Maße gut, im höchstem Maße heilig, im höchsten Maße mächtig ist, wie kann er dann all dem ausgesetzt sein: den Krankheiten, der Kälte und Hitze, Hunger und Durst, Schmerz und Kummer? Kann er dann so viel böse Neigungen haben? Kann er dann so viele Verbrechen begehen? Kann das heiligste Wesen ein kriminelles Geschöpf hervorbringen?«[70] Und im Weiteren seiner

Ausführungen wendet sich Bayle gegen die Güte-Theologie, die seit Jahrhunderten versucht, trotz des Bösen und Übels in der Welt, Gott mit Argumenten über seine Güte zu verteidigen. Indem das Böse durch den Fall Evas und Adams in die Welt gekommen sei, macht sich Gott als Komplize dieses Vergehens mitschuldig. Denn Gott muss es bereits vorher gewusst haben, wie die Sache ausgeht. Für Bayle ist es nicht nachvollziehbar, wieso er die ersten Menschen in diese Situation überhaupt gebracht hat. Nach Leibniz hat Gott als weiser und allmächtiger Herrscher aus allen möglichen Welten die beste ausgesucht. Es wäre auch eine Welt ohne Krankheit, Tod und Schuld möglich gewesen, doch hat der Schöpfer die existierende Welt vorgezogen, also muss sie die bessere sein.[71] Leibniz und Bayle liefern sich einen intellektuellen Wettstreit, der von Vernunft und Logik geprägt ist. Diese Kontroverse wirkt bis in unsere Zeit. Diese Unvereinbarkeit von »guter Gott« und »böser Welt« bekommen wir einfach nicht gelöst. Immer wieder poppt die Frage auf, wie Gott das nur zulassen kann, wenn uns Ereignisse und Schicksale betroffen machen. Aber welchen Sinn haben solche Fragen? Fliegt uns das Raumschiff Erde nicht schon seit Anbeginn der Menschheit um die Ohren? Wir Menschen haben nun einmal das Talent, uns und anderen das Leben schwer zu machen. Wir können keine neue, keine zweite und bessere Schöpfung erwarten. Wir müssen uns arrangieren. Krankheit, Verlust und Schmerz sind Erscheinungsformen des irdischen Daseins. Ob mich das tröstet? Nein, keineswegs! In extremen, emotionalen Situationen ist es gut, wenn die Vernunft die Kontrolle übernimmt. Sie kann seelisches Gleichgewicht wiederherstellen. Ich kann mich weder für die Position von Leibniz noch die von Bayle erwärmen. Eine Intelligenz, die Universen und Galaxien erschaffen hat, stellt die menschliche Denkfähigkeit vor ein Grundsatzproblem. Wir können nur zweidimensional denken. Es gibt dieses bekannte Allmachtsparadoxon, ob ein allmächtiges Wesen einen so schweren Stein erschaffen kann, dass es ihn selbst nicht hochheben kann. Versuche doch einmal, Ursprung zu denken, und woher Gott kommt, und schon spürst du das Abstruse zweidimensionaler Gedankenspiele. Das lässt sich nicht denken.

Für die Urknall-Theorie hege ich naturwissenschaftliche Sympathien, mit der Einschränkung, dass ich sie mir nur sehr schwer als Causa sui, eine aus sich selbst heraus erklärende Ursache, vorstellen kann. Wer oder was war die Ursache? Wer hat den Anstoß gegeben?

Wirkungen zu beklagen, die im Handlungsbereich des Menschen liegen – und das kann man in jeder psychologischen Basislektüre nachlesen – der Verantwortung einer anderen Macht oder Person zuschieben zu wollen als dem Verursacher selbst, nennt man »Verantwortungsdiffusion« oder auch »pluralistische Ignoranz«, sofern Kollektive davon betroffen sind.[72] Das berührt das Thema »Wertegemeinschaft« im Großen und Kleinen. Wo Werte im Sinne eines Gesellschaftsvertrages das Regulativ des Handelns sind, da ist Verantwortung das Prinzip, an dem es sich orientiert und die Ergebnisse seines Tuns bemisst. Es ist nicht zu übersehen, dass der Begriff »Wertegemeinschaft« ins Sperrfeuer der öffentlich-medialen Diskussion geraten ist. Es ist der Gang der Geschichte. Veränderungen und Neues geschehen da, wo hinterfragt wird, was mit dem Wandel nicht mehr Schritt hält. Neudeutsch nennt man es Disruption. Innovationen lösen etablierte Modelle ab, oder Entscheider, Trainer und Menschen mit Schlüsselkompetenzen ihre Vorgänger. Mag sein, dass der Mensch des 21. Jahrhunderts ein Problem mit langfristigen Beziehungen hat. Ich sehe in Kontinuität und Verbindlichkeit einen einzigartigen Mehrwert. Er verhilft zu mehr Tiefe, leider aber auch zu mehr Schmerz. Meine metaphysische Odyssee dauert nunmehr 30 Jahre. Ein Suchen, ein Fragen, ein Zweifeln, das durch die letzten Jahre an Brisanz zugenommen hatte. Eben ein Betroffen-Sein von dem, was mich unbedingt angeht, wie Paul Tillich es formuliert hatte.

Interessant finde ich allerdings die Tatsache, dass Gott die Völker des Abendlandes nunmehr seit Jahrhunderten auf einen Offenbarungsentzug gesetzt hat. Nach Jesus wurde kein charismatischer Verkünder mehr entsandt. Warum eigentlich? Nachrichten haben heute mehr denn je nur noch eine geringe Halbwertszeit. Irgendwann gerät auch der Wert der christlichen Heilsbotschaft in Vergessenheit. Zumal auch die Kirchen eher traurige Kapitel des Evangeliums schreiben. Wie soll man bei so viel Tristesse Lust auf die Frohe Botschaft kriegen? Der Mensch, als ein Ebenbild Gottes, das von Genmutationen nach allen Regeln der Destruktion auseinandergenommen werden kann, ist allerdings ein schwacher Abklatsch der Gottgleichheit. Vielleicht sind irgendeinem Schreiber bei der Übersetzung der Schriftrollen die Sicherungen der Interpretationskunst durchgebrannt. Dieser Vergleich büßt gewaltig an Glaubwürdigkeit ein, wenn man sich den Zustand der Welt anschaut.

Im Schmerz liegen Wahrheiten verborgen. Die Unbezwingbarkeit der Krankheit und der Tod meiner Frau, die Unfassbarkeit ihres Nicht-mehr-Daseins, die Erklärungsnot dieser Tatsache kamen mir lange vor wie eine fremde und befremdliche Welt, die nichts Vertrauenswürdiges hat. Es ist ein Terrain, zu dem ich nichts sagen kann. Oder um es mit Immanuel Kant auszudrücken: »Gedanken ohne Inhalte sind leer, Anschauungen ohne Begriffe sind blind.«[73] Ich finde keine Worte. Und das gilt auch für den Begriff »Gott«. Alles, was ich zuvor an Vorstellungen hatte, erwies sich als nicht mehr gegenständlich und inhaltsleer. Was ist die Bedeutung des Göttlichen für mein Leben? Die Erlösungslehre, also die Kirchenpolitik, war mir suspekt geworden. Ich suchte eine neue Erfahrung, ohne sagen zu können, wie diese konkret aussehen könnte. Ich ahnte, warum die Juden aus Ehrfurcht vor Gott den Namen nicht aussprechen, sondern Synonyme wie »Elohim«, »Adonai« oder »der Ewige« verwenden. Ich machte einen Cut.

Genug mit den agnostischen Exkursionen. Lass locker, Klaus, appellierte ich an mich selbst.

Ich las weiter in der Biografie von Yoganada. Die Erfahrungen anderer erweitern den eigenen Horizont. Seine Reise- und Erlebnisberichte fesselten mich. Von Freude der Seele, Versöhnung der Gegensätze, Glückseligkeit als der wahren Natur Gottes ist in seinem Buch die Rede. Es strahlt eine ungewöhnliche Kraft, Inspiration und Begeisterung für das Mystische aus. Lesen als Meditationserfahrung, das passiert bei Büchern, in denen ein lebendiger Spirit steckt wie in Autobiographien.

»Belastet euren Geist nicht mit unnützen theoretischen Fragen, sondern bemüht euch um echte Gottverbundenheit. Werft allen dogmatischen und theologischen Ballast ab und lasst die frischen, heilsamen Wasser göttlicher Wahrnehmung in eure Seele einströmen. Hört auf die innere Stimme, die aus jedem Dilemma einen Ausweg weiß.«[74] Worte, die sich wie Balsam anfühlen. Selbst wenn ich diese Erfahrung noch in keiner Weise teilen konnte. Bei Yoganada geht es um keinen abstrakten, theologischen Gott, hier schreibt jemand über den Eros und die Faszination transzendentaler, kosmischer Erfahrungen, die das enge Korsett eines theologischen Gottesbilds sprengen.

Mein theoretischer Überbau war nicht der Schlüssel zur Gottverbundenheit. Also versuchte ich es mit stiller Betrachtung und Versenkung (Kontemplation). Früher hatte ich das schon einmal praktiziert, es dann aber schleifen lassen. »Hinter allen Erscheinungsformen der Außenwelt liegt das Unendliche – das Meer der Kraft. Unser einseitiges Verlangen nach weltlicher Tätigkeit hat zur Folge, dass wir die Ehrfurcht vor geistigen Dingen verlieren. Seitdem die moderne Wissenschaft uns gelehrt hat, wie wir uns die Naturgewalten dienstbar machen können, verstehen wir nicht mehr das Große Leben, das hinter allen Namen und Formen liegt (…) Verbindet sich das Selbst aber andererseits mit einer höheren Macht, so gehorcht die Natur dem menschlichen Willen ganz von selbst, ohne dass man sie dazu nötigen oder zwingen müsste. Diese mühelose Gewalt über die Natur wird von den unwissenden Materialisten als ›Wunder‹ bezeichnet.«[75] Hier ist kein Platz für Zweckrationalismus, aber umso mehr für erstaunliche Erfahrungen des Unendlichen. Yoganadas Biografie ist einfach mitreißend. Auch in dem Büchlein von Thomas Merton, dem Mönch und Wanderer zwischen den Welten von Christentum und Buddhismus, bekommt der Leser einen Eindruck von der Qualität tiefer Gottesbegegnungen. »Gebet ist die Begegnung unserer Freiheit mit der allumfassenden, sich demütig herablassenden Liebe, die keine Grenze und kein Hindernis kennt. Gebet ist das Eintauchen in dieses Reich unbegrenzter Freiheit.«[76] Ich übe noch, spüre aber, dass der Zwang und das Gejammer nachlassen. Anfangs waren es kurze Einheiten der Kontemplation, der inneren Betrachtung. An nichts denken, nur bewusst atmen, sich aufdrängende Gedanken beiseiteschieben, das Kopfkino und abstellen. Das fiel mir nicht so leicht. Doch ich stellte mir vor, ich sei nur ein Zuschauer. Nicht eingreifen ins Geschehen. Es laufen lassen. Alles durfte sein, alles durfte sich zeigen. Ich kam wieder mehr in meine Mitte, spürte die Bereitschaft, mich mit dem auszusöhnen, was geschehen war. Ein neuer Anfang schien auf einmal möglich. Ja, damit kann ich gut leben. Frieden schließen und meinen Weg weitergehen.

Gott ist und ist nicht – diese These erschien mir ein guter Kompromiss zu sein, nach dem theologischen Triathlon, der hinter mir lag. Kein Entweder-oder, sondern die moderate Mitte. Sicherlich, unsere Erfahrungen waren schmerzhaft und niederschmetternd. Aber deshalb Gott gleich für tot erklären? Unbestritten litt ich an einer Art »Gottesvergiftung«. Doch etwas in Grund und Boden zu treten, das ein wesentlicher Teil in der Beziehung mit meiner Frau und für mich ein Leitbild war! Das konnte ich nun auch nicht. Die Radikalität eines Friedrich Nietzsche besaß ich nicht. Gott einen Totenschein auszustellen, weil er sich auf der Wahrnehmungs- und Erfahrungsebene nicht rührte, käme der Aussage des russischen Kosmonauten Gagarin gleich, der Gott im Weltraum gesucht, aber nicht gefunden hat. Vielleicht war sein Weltraumflug von 108 Minuten einfach zu kurz. Was sollen da die Astrophysiker der »Kathedrale der Astronomie« auf La Palma sagen? Sie können mit dem derzeit größten Spiegelteleskop der Welt in der Galaxie bis zum Urknall vor 14 Milliarden Jahren vorstoßen. Dagegen ist selbst das Spaceshuttle ein Blindgänger. Zur Sichtbarkeit eines Schöpfers haben sie bisher nichts verlauten lassen. Vielleicht erleben sie aufgrund der imposanten Einblicke in Galaxien im Sinne Albert Einsteins eine Art »kosmische Religiosität«.

Ich wollte mein Denken korrigieren, meinen methodischen Ansatz. Wenn ich Angelikas Krankheit als das Ergebnis einer Summe von Kausalfolgen betrachte, relativiert sich die Suche nach einem ursächlichen Auslöser. Der Mutationsfehler in den Genen kann an irgendeinem Punkt des biochemischen Prozesses passiert sein. Eine molekulare Weichenstellung, die bei meiner Frau leider einen ungünstigen Verlauf nahm. Laut Professor Fischer sind Gene keine fixe Größe in einem Organismus, sie unterziehen sich einem permanenten Wandel.[77] Eine Aussage zu einem linearen Ursache-Wirkungs-Verhältnis erübrigt sich, weil diese möglicherweise nicht identifizierbar ist.

Als Friedrich Nietzsche den »tollen Menschen« aus seiner »Fröhlichen Wissenschaft« die Ermordung Gottes durch den Menschen selbst verkünden ließ, richtet sich sein Zorn auch gegen die moralgetränkte Säuernis seiner Zeit. Nietzsches Werke sind erfrischend. Emphatisch, zornig, voller wilder Lust am Denken und Streiten. Ein Manifest des dionysischen Lebensprinzips. »Der Alleszertrümmerer, der mit dem Hammer philosophierte«, macht es einem mit der Religion nicht gerade leicht. Eine intellektuelle Leidenschaft, wie sie Kierkegaard für die Causa Dei hatte, empfand ich nicht, nicht mehr. Warum sollte sich der Mensch noch mit Gott abgeben? Die Antworten der Kirchen sind relativ identisch: Vergebung, Erlösung, Himmel. Ein bisschen mager. Die abendländische Religion, besser Theologie, löst nicht gerade Fangesänge aus. Sie ist bierernst. Die Kirchentage versuchen zwar, etwas mehr Schwung und Farbe in den »Leib Christi« zu bringen. Doch wo ist der spirituelle Eros, der Lust auf Gott macht? Bei manchen Predigten bin ich mir nicht sicher, ob ein Politiker, Pfarrer oder Vorsteher eines Ortsverbandes spricht. Gottesdienste? Eine karge Angelegenheit! Ich verzichte erst einmal auf weitere Besuche. Aber was erwarte ich eigentlich?

Ich blättere in der Autobiografie des großen indischen Weisheitslehrers Yogananda, die ich vor Jahren angefangen und irgendwann zur Seite gelegt hatte. Was hat er für unglaubliche Begegnungen mit Gurus, Yogis und Heiligen erlebt! Bipolationen, Heilungen, schwebende Heilige, Parfüm-Heilige. Ja, das hat etwas. Die Erfahrungsberichte sind ein Frontalangriff auf die Sinneswahrnehmung. Naturgesetze werden kurzerhand außer Kraft gesetzt. Auf 500 Seiten faszinierende Einblicke in die Schatzkammer kosmischer Geheimnisse. Gurus, Goa, Ashrams – als religiöse Landkarte hatte der Subkontinent Indien schon immer etwas Faszinierendes. Die Lektüre der Autobiografie macht mich verlegen. Yogananda brannte für Gott. Hingabe, Disziplin und Meditationen bestimmten seinen Weg des Kriya-Yoga. »Durch Anwendung des Kriya-Schlüssels werden selbst diejenigen, die nie an die Göttlichkeit irgendeines Menschen glauben konnten, schließlich von ihrer eigenen Göttlichkeit überzeugt werden.«[78] Gilt das auch für die christliche Kultur? Und wo stehe ich? Ich gebe zu, ich war eher ein Standby-Spiritueller. Mal kurz eine Botschaft in die Vertikale absetzen, und das Manna fällt vom Himmel. Hat nie funktioniert. Ohne eine gewisse Schlagzahl in der spirituellen Arbeit bleiben die Himmelstore wohl verschlossen. Will ich das wirklich und bin ich dazu bereit? Wie Yogananda über das kosmische Bewusstsein schreibt, habe ich schon den Eindruck, dass er eine größere Wirklichkeit meint. »Wovon man nicht sprechen kann, darüber muss man schweigen«, lautet ein Satz des analytischen Philosophen Ludwig Wittgenstein.[79] Ich schweige lieber.

Was ist, wenn die Evolutionsbiologen Recht haben und der Mensch nichts als Zufall ist? Trifft diese Annahme zu, wäre eine übernatürliche Intelligenz dann nichts als eine Fiktion und die Frohe Botschaft eine Fake-News? Die Naturwissenschaft kann schlüssig erklären, wie sich das Leben entwickelt und entfaltet. Sie braucht dafür keinen Schöpfungsplan.[80] Was, wenn ein persönlich am Leben des Einzelnen partizipierender Gott bloß eine Hypothese ist? Es gab in meinem Leben Situationen und Momente, in denen ich von der Anwesenheit und Existenz Gottes überzeugt war. Meine Erfahrungsebene liegt sicherlich weit außerhalb der Reichweite von Heiligen, Meistern und Yogis. Mir hätte es schon genügt, mein Konfirmandenwissen im Laufe des Lebens mit einer gewissen Lebendigkeit, Substanz und Erfahrungswerten aufladen zu können. Vieles ist abstrakt und theoretisch geblieben. Meine Frau war im Gegensatz zu mir ein paar Schritte weiter. Sie strahlte dieses Wissen und die innere Verbindung mit dem Göttlichen vor allem in den letzten Monaten vor ihrem Tod irgendwie aus. Wie sonst könnte ein Mensch sich mit so viel Anstand, Demut und Versöhnlichkeit aus diesem Leben verabschieden, wie sie es tat. Ich wollte Gott und mir noch eine zweite Chance geben. Das hört sich etwas maßlos an, doch manchmal muss man das »luziferische Alter Ego« gegen das

»monastische Ich« abwägen. Authentisch, das wollte ich sein. Und einen neuen Zugang finden.

»Ein feste Burg ist unser Gott« lautet der Text eines Kirchenliedes von Martin Luther, dem Derwisch der Reformation. Luther konnte hart austeilen, aber auch sanftmütig wie ein Lamm sein. »Luthers wilder, plötzlich aufflammender Zorn und seine bis zur Unbedenklichkeit gehende Umkehr zu Besänftigung und Begütung sind zwei seiner charakteristischen Eigenschaften.«[81] Meine Burg ist mehr aus Skepsis gebaut, bewohnt von einem, dem die Offenheit für das Wunderbare fehlt.

Eine Pilgerreise nach Lourdes mit meiner Frau, um für Heilung zu beten, wie mir jemand empfohlen hatte – ich spürte Widerstände. Der Intellektualismus der protestantischen Theologie steckte mir doch ziemlich in den Kleidern. Rückblickend hatte ich immer wieder diese kurzen, aufblitzenden Momente, in denen ich an der Tatsächlichkeit einer möglichen Heilung meiner Frau zweifelte. Es überschritt meine Vorstellungskraft und meinen Möglichkeitssinn. Einerseits Wut, weil das Wunder ausblieb. Andererseits sprach mein »Realitätssinn« dagegen. Ob dieser Double-Bind den Himmel verstimmt hat? Aber das ist wieder so eine Wirklichkeitsauffassung, die das Urbild eines strafenden Gottes reaktiviert. »Eine Religion, deren Verhältnis zu Gott nur von Angst geprägt ist, muss es am Ende so erscheinen lassen, als wenn Gott und Mensch wie absolute Kampfpartner einander gegenüberstünden – Gott, weil er im Verdacht steht, den Menschen zu demütigen und zu erniedrigen, und der Mensch, weil er um seiner Würde willen einen solchen Gott beiseite räumen muss.«[82] Schluss damit, ich unterlaufe mein Vorhaben. Neu entdecken, vorurteilsfrei. Ich halte daran fest.

Männer, Pussies, Religion

Konservative Wertevorstellung, weiche, sentimentale Typen uninteressiert an Geschlechterthemen. In empirischen Studien wie »Fromme Männer«[83], die unter dem spezifischen Aspekt der Männlichkeit bei einer im kirchlichen und kirchennahen Bereich tätigen Gruppe durchgeführt wurden, zeigt sich eine Sozialtypologie, die an »Weicheier« denken lässt. Andere Forscher behaupten sogar, dass religiöse Männer dumm und weltfremd seien. Und rechts wählen. O weh, eine Pussy und ein Rechter? In diese Schublade will ich keineswegs gepackt werden. Als »fromm« verstehe ich mich auch nicht. Das hat diese pietistische Attitüde. Spirituell, das gefällt mir besser, weil es dabei um Seins-Erfahrungen jenseits abgenutzter Begrifflichkeiten und Inhaltsbilder geht. Das, was Yoganada erlebt und gesehen hat, passt in keine religiöse Schublade. Hier zeigt sich das Göttliche als das ganz Andere. Es sprengt jegliche Vorstellungskraft. Solche Erfahrungen sind in allen Religionen zu finden, wenn man hinter den Kanon in den Bereich des Mystischen, Heiligen, Transzendenten schaut. Tanzende Derwische, ein mit Tieren sprechender Heiliger, Stigmatisierte, die Wunder vollbringen, Marienerscheinungen. Wie auch immer, Männlichkeit und Religiosität, das ist eine schwierige Angelegenheit. »Glaube ist das Ergriffensein von dem, was uns unbedingt angeht.« Mit dieser Position fokussierte der evangelische Theologe Paul Tillich die »Tiefe der Religion«, die eine sinnerklärende Funktion für den Menschen habe. »Religion als Tiefendimension ist nicht der Glaube an die Existenz von Göttern, auch nicht an die Existenz eines einzigen Gottes.« Der einstige Harvard-Professor Paul Tillich siedelt den Glauben bei der allgemeinen Beschaffenheit des Menschen an. In seinem Buch »Mut zum Sein« liegen Glauben und existenzielle Betroffenheit eng beieinander. Weit entfernt von Sentimentalität oder Weltfremdheit.

»Eier, wir brauchen Eier«, meinte Bayerns damaliger Torwart Oliver Kahn 2003 in einem TV-Interview, als der FC Bayern den Sieg gegen Schalke 04 vergeigt hatte. Jetzt, mit einigem emotionalen Abstand, frage ich mich, ob ich in den letzten Jahren immer die Eier hatte, wenn es darauf ankam. Vieles in meinem Verhalten korrespondiert nicht mit meiner Vorstellung von Mann-Sein und Stärke. Ich bedauere es, dass ich es in manchen Situationen an Entschlossenheit und Führungsqualität fehlen ließ. Auch im Umgang mit Ärzten und Institutionen wäre oftmals eine breite Brust vonnöten gewesen. Doch, wo ich als Ehemann und Partner am meisten gefordert war, versagte ich das eine ums andere Mal. Für meine Frau da zu sein, mir mehr Zeit für sie zu nehmen. Wie oft fehlte mir das Gefühl für das Notwendige, das Wichtige in der jeweiligen Situation. Ich denke, mir ist vieles an feinen und stillen Signalen entgangen, die Angelika ausgesendet hatte. Die Routine der beruflichen Anforderungen übersah allzu oft die Bedürfnisse eines todkranken Menschen. Die Eier-Symbolik ist die Metapher eines klassischen Männerbildes, das in Wettbewerbssituationen einer phallischen Impulslogik folgt. Religiosität als spirituelle Ausprägung ist die Antithese zu Ausformungen der Ego-Kultur. Sie hat etwas von einem Weichspüler des Kernigen. Sie setzt den Stärkesymbolen und Selbstbehauptungsparolen Appelle der Zurückhaltung und Unterwerfung entgegen. Eine im Göttlichen verankerte Religiosität, wie sie Heilige und echte »Gottesmänner« vorleben, versalzen dem Vorteilsdenken die Suppe. Und plädiert anstatt für ökonomische Werte für Soft Skills wie Fairness, Nächstenliebe, Gerechtigkeit und Demut. Wie ist das mit den »Eiern« vereinbar? Harte Tacklings gehören zum Wettkampf. Ob der nun auf dem Fußballfeld, am Arbeitsplatz oder im Alltag stattfindet. Männliche Typologien befinden sich in der offenen, pluralistischen Gesellschaft in Auflösungserscheinung. Die männliche Identität hat sich verflüchtigt. Viele Männer können mit dem Begriff nicht mehr viel anfangen und keine entsprechenden Eigenschaften oder Vorbilder anführen. »Die Zukunft ist weiblich und der vielbeschworene Gender Gap in den Bereichen Bildung und Gesundheit wurde weitgehend geschlossen«, ist auf der Seite des Zukunftsinstituts zu lesen.[84] Es laufen zahlreiche internationale Forschungsprojekte zum Thema »Geschlechterstereotypen und Geschlechtsidentität«. Wie der Einzelne sein Mann-Sein oder Frau-Sein versteht, ist eng mit der Biografie, dem geschlechtlichen und dem psycho-sozialen Selbstkonzept verknüpft. Von der Genderdiskussion lässt sich ein Bogen zum androgynen Psychologieverständnis eines C. G. Jung mit dessen Anima-Animus-Konstruktion der Psyche schlagen. Jeder von uns trägt den gegengeschlechtlichen Anteil in sich. Ich gehe allerdings davon aus, dass die Genderdiskussion in nicht allzu ferner Zukunft auch hier Hand anlegen und eine neue Wissenschaftsprogrammatik entwickeln wird. In der »mystischen Hochzeit«, der Vereinigung von Gott und Mensch bzw. im Zustand des göttlichen Bewusstseins, wie es Yogananda beschreibt, hebt sich die Geschlechterspezifikation auf. Es geht nur noch ums reine Sein. Damit wäre die Pussy-Fantasie erledigt. Und der Eierjargon ebenfalls.

Kapitel sechs

Die Reise geht weiter
Ab jetzt allein

Wer bin ich? Witwer oder Single?

Wieder unterwegs im Leben. Ich höre mir einen Uraltsong an. »On the road again« von der Woodstock-Band Canned Head. Aus jener Zeit, als Schlammbäder, Happenings und freie Liebe the way of life waren und Jack Kerouac der Kultschriftsteller schlechthin. Der Song spricht etwas in mir an. »Well, I'm so tired of crying, but I'm out on the road again, I'm on the road again.« Müde vom Weinen und Schreien, das bin ich auch. Also, weiter im Takt des Lebens. Aber welcher ist es? Für mich? Die Melodie des Songs hat einen monotonen, gleichförmigen Rhythmus. So wie es eben ist, wenn das Leben einen nach vorne treibt, ohne große Highlights und als Witwer. Formal ist das mein neuer Familienstand, wie es im Bürokratendeutsch heißt. Eigentlich ein Widerspruch in sich selbst. Von Familie keine Spur mehr. Ich bin vom Team-Mitglied zum Single »mutiert«. Obwohl der Topos besser zu Jüngeren und zur Parship-Zielgruppe passt. Ist ein Witwer nun ein Alleinstehender oder mehr ein vom Schicksal unfreiwillig Individualisierter, der in einem Einpersonenhaushalt lebt? Beim Single besteht immerhin noch die Möglichkeit der Aufhebung seines Standes in einer Zweierbeziehung. Ein Witwer fällt weniger in die Kategorie »Frei zur Jagd«. Ihm haftet assoziativ ein Malus an. Jener des Einsamkeitsstigmas. Einsamer Wolf wäre mir eigentlich lieber, hat mehr Charisma. Aber das bin ich nicht, nicht mehr. Meine Steppenwolfphase habe ich längst hinter mir. In manchen Kulturen genießen Alleinstehende eine exponierte Rolle wie der Schamane in Nordasien, Wandermönche, Eremiten, Priester oder Propheten. Kommt für mich alles nicht in Frage. Eine Sonderform des Alleinstehenden sind Politfiguren, die plötzlich ohne den Rückhalt ihrer Partei dastehen, oder Menschen am Rand der Gesellschaft. Im Dezember 2016 zählte das statistische Bundesamt über 1,02 Millionen Sozialhilfe-Empfänger von Grundsicherung im Alter und bei Erwerbsminderung[85]. Immer wieder ist zu lesen, dass uns der Nachwuchs ausgeht, die Geburtenrate sinkt und wir uns zur Single-Gesellschaft entwickeln. Im Jahr 2014 lebten in Deutschland 18 Millionen Alleinstehende, davon 89 Prozent in Einpersonenhaushalten, 8,1 Millionen Familien mit minderjährigen Kindern und 17,5 Millionen Ehepaare in Lebensgemeinschaften.[86] Also bin ich doch in bester Gesellschaft. Single klingt jedenfalls besser als Witwer und auch der Singletrend, dessen Ursachen u.a. in langen Ausbildungszeiten, stressiger Berufswelt, Altersstruktureffekten bedingt durch schwache nachwachsende Jahrgänge und in der Individualisierungslust liegen. Allerdings sehen die Kassandra-Stimmen schon das Unheil über dem Single-Dasein aufziehen. Männliche Singles seien subversiv. Sie tun sich schwer mit der »sozialen Ordnung. Sie werden eher kriminell, sie sterben früher, werden leichter krank. Dass die Ehe die Kriminalitätsrate bei Männern reduziert und sich positiv auf ihre Gesundheit auswirkt, haben in den letzten Jahren zahllose Studien belegt.«[87] Das hört sich böse an. Muss ich ein Präventivprogramm gegen kriminelle Neigungen absolvieren?

Die Studien und Medienberichte über männliche und weibliche Singles sind etwas vogelwild. Der Soziologieprofessor Richard Scase von der Universität Kent erklärte in einem Report: »Single-Frauen zwischen 30 und 50 haben gut ausgebildete soziale Netzwerke und sind in eine große Bandbreite von Aktivitäten eingebunden (…).«[88] Und weiter: »Alleinstehende Männer hingegen erscheinen als traurige, isolierte, einsame Gestalten. Die harte Wahrheit ist, dass das Alleinleben gut für Frauen ist, aber schlecht für Männer.« Andere Töne schlägt die ZEIT an. Mit der Schlagzeile »Eine Frau ohne Mann ist wie ein Mann ohne Penis«[89] macht die Story von Marlene Teschner auf. »Es gibt in dieser Gesellschaft kaum etwas Schlimmeres als eine Frau, die Single ist. Sie muss sich bedauern, bedrängen und pathologisieren lassen.« Das ist die essayistische Antithese zum Soziologen Richard Scase. Sehr amüsant und unterhaltsam geschrieben.

Wie auch immer, Angelika war eine identitätsstiftende Kraft in meinem Leben. Ich wusste, wo ich hingehöre. Zu ihr, auch wenn die Erkenntnis erst spät zündete, damals als wir uns kennenlernten. Lange tat ich mich schwer, ihr einen Antrag zu machen. Obwohl ich ziemlich schnell Feuer bei ihr gefangen hatte. Die Vorstellung einer festen Beziehung als verheiratetes Paar bereitete mir als Mann, der sich in Beziehungen gerne ein bis drei Hintertürchen offenließ, etwas Kopfzerbrechen. Angelika gab mir jedoch ein Gefühl von Freiheit und Heimat in einer Welt, in der wir alle mehr oder weniger als Wanderer unterwegs sind. Und auch ich war ein Anker für sie, ein Halte- und Liebespunkt. Unsere Liebe hatte etwas, was ich über die Jahre sehr zu schätzen lernte – sie entwickelte sich und sie entwickelte Tiefe, Respekt und Verständnis. Erich Fromm schreibt in ›Die Kunst des Liebens‹: »Liebe ist eine Aktivität und kein passiver Affekt. Sie ist etwas, das man in sich entwickelt, nicht etwas, dem man verfällt.«[90] Diese Entwicklung durften wir nun nicht länger weiter gestalten. Sie fand ihren Abschluss in Angelikas Tod.

Ja, das Leben hatte mich erschreckt. Ich beäuge es vorsichtig, aus der Defensive. Aus Respekt vor dem Unerwarteten. Ich kann ihm noch nicht wieder offen und vertrauensvoll begegnen. Doch das ist nötig, um den Schock komplett zu verarbeiten. Meine Wahrscheinlichkeitsrechnung über mögliches, weiteres Unheil geistert in meinem Kopf herum. Vielleicht unbegründet, aber nicht ganz unwahrscheinlich.

Ängstlichkeit und Angstphobien nehmen im höheren Alter bekanntlich zu. Ist es bei mir schon so weit? Ich vermute mal, dass mein Urvertrauen, um das es noch nie sonderlich gut stand, einen kleinen Knacks bekommen hat. Die kollektive Identität, die Angelika und ich bildeten, war eine Basis für Vertrauen, für das eigene Selbstverständnis und meine Rolle im Job, in Beziehungen mit Freunden und im Alltag. Das muss ich mir nun neu erarbeiten. Und auch Bereiche in meinem Gehirn neu synchronisieren. Der Verlust des Partners durch Tod führt, wie Wissenschaftler der Universität Regensburg nachgewiesen haben, zu einer erhöhten Aktivität des Stresshormons CRF (Corticotropin Releasing Factor), das im Hypothalamus gebildet wird. Körperlich macht sich das durch Antriebslosigkeit und Depression bemerkbar. Die vermehrte CRF-Aktivität wiederum hemmt die Produktion und Ausschüttung von Oxytocin, bekannt auch als Kuschelhormon. Es stärkt soziale Bindungen, führt zu innerem Wohlbefinden und Entspannung.[91]

Allmählich normalisiert sich das Chaos in meinem Gehirn. Lust auf Kuscheln habe ich aber immer noch nicht. Die Identitätsdiffusion macht es mir nicht gerade leicht, mich in soziale Interaktionen einzubringen. Vereinsamen möchte ich allerdings auch nicht. Einsamkeit und soziale Isolation sind ein größeres Risiko für die Gesundheit als Fettleibigkeit, wie Prof. Juliane Holt-Lunstad in einer Studie nachgewiesen hat. Sie sieht die Gefahr einer Einsamkeitsepidemie. 42,6 Millionen Erwachsene in den USA leiden unter chronischer Einsamkeit. 3,4 Millionen Menschen aus Nordamerika, Europa, Asien und Australien leben einsam oder in sozialer Isolation. Faktoren, die eine signifikante Wirkung auf das Risiko eines vorzeitigen Todes haben.[92] Das klingt nicht gerade ermutigend. Zum Glück gibt es den Ball der einsamen Herzen. In Tristesse möchte ich nicht untergehen. Also, on the road again!

Mein Therapeut Monaco Franze

Der Pfahl im Fleische tragischer Ereignisse ist die Erinnerung an unsere Vergänglichkeit. In jungen Jahren liegt sie in weiter Ferne, in reiferen rückt sie einem unangenehm auf den Pelz. Sie wird spürbarer. Ich liebe diese Serie »Monaco Franze« von Helmut Dietl aus den 80ern. Das Psychogramm des Hauptdarstellers Franz Münchinger, gespielt von Helmut Fischer, schlittert durch den melancholischen Graben des sukzessiven Abschiednehmens von einem erotischen Lebensstil hin zum nicht ganz störungsfreien Hinübergleiten ins Älterwerden. Mit sämtlichen Verweigerungsmechanismen, die man als »ewiger Stenz« auffahren muss – amouröse Beziehungen mit Frauen in allen Altersklassen, Seitensprünge, Beschwörung der libidinösen Geister der Vergangenheit. In einer Folge sieht sich der 50-jährige Monaco Franze mit der Frage konfrontiert, ob nicht auch er allmählich ein »seriöser älterer Herr werden solle«. Das hat nämlich sein Alter Ego vor – in Gestalt eines gleichaltrigen Mannes, den er beim Entsorgen jugendlich-erotischer Symbole trifft – seiner Lederjacke, seinen Stiefeln und seinem Schmuck. Der ewige Stenz im psychischen Clinch mit dem Thema Rollenkonformität. Aber der Monaco Franze weiß natürlich, was für ihn richtig ist: Stenz bleiben und der Don Juan Münchens. Doch das erotische Stadium, ein Begriff Kierkegaards, lässt sich nicht auf Dauer halten, wie es der Philosoph der traurigen Gestalt in seinem Werk »Entweder-Oder« an Mozarts Don Juan entwickelt – der notwendige Sprung vom sinnlich Verführerischen ins Stadium des ethisch Religiösen ist unausweichlich. Soll heißen: Irgendwann kommt selbst der größte »Weiberheld« an den Punkt, wo ihn die Libido im Stich lässt und die Frage nach dem Sinn aufzieht. Mancher mag das als eine Art Götterdämmerung des Vergnügens empfinden, aber so ist sie nun einmal, die Natur: Sie lässt uns unsere Vergänglichkeit auf schmerzliche Weise spüren. Da frage ich mich, welchen Vorteil wir aus der Verschiebung der Altersgrenze ziehen – »Werden wir bald 140 Jahre alt?«, titelte ein bekanntes Massenblatt – wenn wir auf der physiologischen Ebene dafür noch länger leiden müssen? Man wird ja nicht unbedingt mit zunehmendem Alter gesünder.

Die Phasen der Lebensalter fordern uns auf unterschiedliche Weise heraus. »Jeden von uns erwartet eine Reise in die zweite Hälfte des Lebens. Nicht jeder tritt diese Reise auch an, wenngleich wir alle älter werden.«[93] Ich befinde mich auf dieser zweiten Reiseroute hin zu den vielleicht wirklich wichtigen Dingen, die sich einem erschließen, sobald die Bereitschaft da ist, »loszulassen, hinter sich zu lassen, aufzugeben oder zu vergeben, um so an der großen Geschichte der Götter teilzuhaben«,[94] wie es Richard Rohr am Motiv der Opferung im Mythos des Odysseus erläutert. Das Opfer verliert in dem Moment die Bedrohlichkeit eines Mangels und Verlustes, in dem wir näher an das Heilige heranrücken – das unaussprechlich Göttliche – wie es Rudolf Otto in seinem gleichnamigen Werk thematisiert. Ich bin in der theologisch-religiösen Auseinandersetzung mit Angelikas Leidensweg an die Grenzen meiner begriffs- und theoriegeschwängerten Theologie gestoßen. Das Numinose hatte sich konsequent meinen Deutungszugriffen entzogen, besser verweigert. Ich denke, manchmal hilft nur ein radikaler Bruch, ein Nietzsche-ähnliches Zerschmettern, um frei für die Eigentlichkeit des Göttlichen zu werden. Dieser Gedanke gefällt mir. Er entkrampft.

Aufbruch, Bewegung, Neues erfahren und wagen, das hat meinen Berufs- und Lebensweg immer wieder bestimmt. So zwang mich der Einstellungsstopp für Lehrer mit geisteswissenschaftlichen Fächern zum Quereinstieg ins PR- und Marketingbusiness. Traurig darum bin ich nicht. Präsentationen vor Vorständen sind weitaus spannender. Die Aufmerksamkeitsspanne ist einem gewiss. Allerdings kann die Kritik weitaus heftiger ausfallen. Nun hat mein Leben eine weitere Wende genommen. Ich musste meine Frau dem überlassen, der über dem Schicksal steht. Ich schaue mit Wehmut und Dankbarkeit zurück auf eine erfüllte Zeit in einer Beziehung, die ohne diese Grenzerfahrungen wohl nicht diesen besonderen Reifegrad erreicht hätte. In meiner Frau habe ich einen Menschen erlebt, der diese Krankheit, die dahin eilende Zeit und sein Sterben aus der Tiefe seiner Seele und des Herzens annehmen konnte. Sie hatte immer diese andere, versöhnliche »Seelensicht« auf die Dinge. Auch wenn ich in meiner Trauer oft ihr Schicksal und entbehrungsreiches Leben betrauerte, für sie war es ein erfülltes. Sie wusste, was ihre Aufgabe in diesem Leben war. Sie war keine Zeitreisende, sie war eine Zeitgestalterin.

»Das Leben ist lang, wenn du es zu nutzen verstehst.«[95] Das verstand sie wirklich – die Zeit, die ihr zugemessen war, zu nutzen. Ich nenne es das spirituelle Erbe, das sie mir, uns, hinterlassen hat. Nicht testamentarisch verfasst, vielmehr als Information ans Langzeitgedächtnis vermacht und Erinnerungen, die situativ immer wieder ins Bewusstsein dringen. »Schätze die Zeit und nutze das Leben.« Das will ich tun.

Let it rock – Lebensader Musik

Für mich hatte Musik immer eine große Bedeutung. Aufgewachsen in Zeiten der Beatles-Mania, von Sex & Drugs & Rock 'n' Roll war sie in allen Lebensphasen ein wichtiger Begleiter. Um mich im Leben wieder mehr einzurichten, erschienen mir Konzertbesuche als idealer Impulsgeber. Die Abschiedstournee von Deep Purple bot sich an, zumal ich den Gitarristen Steve Morse für einen der weltbesten halte. Virtuos, brillante Technik, unglaubliches Feeling. Der Leadsänger Ian

Gillan, heute Anfang 70, immer noch gut bei Stimme. Mitten im Konzert durchzuckt es mich kurz. Eine schnelle, wilde Erinnerungsfahrt zurück ins Jahr 1970. Als gute alte Vinylscheibe kommt »Deep Purple in Rock« auf den Markt und schlägt voll ein. Damals hatte ich gerade meine erste Freundin kennengelernt, den ersten Joint geraucht und war erfüllt von Ideen und Visionen für meine Zukunft. Das Leben fühlte sich einfach geil an. Ein paar Jahrzehnte später hocke ich also in der Münchner Olympiahalle und bin begeistert. Die Akustik ist zwar nicht so toll, aber was soll es. Deep Purple haben sich musikalisch weiterentwickelt, sind jazziger, komplexer geworden. Tolle Arrangements, punktgenau, nicht ein falscher Ton. Bei »Smoke on the water« muss ich schmunzeln. Reine Zugabe. Und lang, lang ist es her. Man spürt, die Band hat eigentlich keine richtige Lust auf alte Hits. Sie liebt das Innovative. Sie ist reifer geworden. Für einen Moment kann ich abschalten, mich vergessen. Als ich mit den Konzertbesuchern hinausströme, überfällt mich wieder ein Gefühl von Einsamkeit inmitten all dieser Menschen. Ob Einsamkeit ein autonomer Prozess ist, der sich in meiner neuronalen Struktur festgesetzt hat? Ich denke an eine Stelle in Kierkegaards Tagebüchern, in der er schreibt, wie er sich nach dem Besuch eines gesellschaftlichen Ereignisses, bei dem er scherzte und bestens gelaunt war, am liebsten eine Kugel in den Kopf gejagt hätte. Das hat nichts mit suizidalen Neigungen zu tun, nur mit Schwermut. Die schlägt eben manchmal noch durch.

Ich esse und bin doch hungrig. Ich bin unter Menschen und doch einsam. Ich kommuniziere intensiv und spreche doch ins Leere. Ein Paradox. Ein Vakuum, das sich wohl nur von innen her und mit Geduld auflösen lässt. Am besten, ich ziehe mir noch ein paar Konzerte rein.

Die Rolling Stones geben sich die Ehre. Als ich noch ins Gymnasium ging, pilgerte die halbe Klasse zu Stones-Konzerten in Duisburg, Düsseldorf, Essen und wenn es sein musste, auch nach Amsterdam. Das war unsere Musik, unser Lebensgefühl. Etwas seltsam mutet es schon an, wenn Mick Jagger immer noch seine Sturm-und-Drang-Hymne »I can get no satisfaction« singt und nach wie vor seine Sympathien für Luzifer bekundet. Zwischen diesen Klassikern verzückt die jung gebliebene Altherrenband mit einem Repertoire ihrer sagenhaften musikalischen Kreativität. Da stören selbst ein paar schiefe Töne nicht. Welche Marke hat schon solch eine gnadenlos gute und konstante Story zu bieten wie die Stones? Ich wüsste keine Band, die ihnen hinsichtlich Konstanz und Erfolg Konkurrenz machen könnte. Guns & Roses hatten das Zeug dazu, aber mit Egospielen und Drogenexzessen hat sich die Band selbst zerlegt.

Das Markensymbol der Stones, die Zunge, kennt jeder, die Lusthymne auch. Die immer noch leicht federnde Rampensau Mick Jagger ist eine lebende Ikone der Musikgeschichte. Diese Band scheint über allem erhaben. Über Fragen des Alterns, der Ästhetik und Aktualität. Der Mythos lebt und begeistert immer noch und immer wieder die Massen. Man kann sich einfach nicht satthören und sattsehen. Das ist feinstes Heldenmaterial. Wo gibt es denn noch diesen Stoff? Vielleicht bei AC/DC. Aber leider wurde die Originalbesetzung durch Alzheimer und Tod von Malcolm Young und einen massiven Hörschaden des Sängers gesprengt. Axl Rose kann Brian Johnson nicht gleichwertig ersetzen. Doch Angus Young gehört immer noch zu den Göttern an der Leadgitarre. Bei dieser Band weiß der Konzertbesucher einfach, was ihn erwartet. Das will er sehen und hören.

Die Rolling Stones haben ein paar außergewöhnliche Alben produziert, die ich mir hin und wieder gerne anhöre. Exile on Main street, Let it bleed und Get Yer Ya Ya's out. Es sind Meilensteine in meiner musikalischen Biografie. Unvergessen sind damit Erinnerungen verknüpft, die in meinem Leben eine besondere Bedeutung haben. Ich nannte meine Frau »Angie« nach dem gleichnamigen Song der Stones. Wenn ich heute die Lyrics höre: »Oh, Angie, don't you weep, all your kisses still taste sweet, I hate that sadness in your eyes«, dann spült mich die Sehnsucht nach meiner Frau weg. Schöne, sehnsuchts- und schmerzvolle Erinnerungen, ein Trost in dunklen Stunden.

Die Rolling Stones – eine der wenigen Konstanten in meinem Leben. Irgendwie waren sie immer da und nie weg. Mal schauen, wer wen überlebt.

Kapitel sieben

Kapier einer das Leben – Chaos, Glück, Zufall

Denkformeln und nicht lineare Phänomene

Während ich dieses Buch schrieb, veränderte sich mein Denken. Machten mich früher die vermeintliche Ungerechtigkeit des Lebens oder das metaphysische Desinteresse an unserer Situation schnell zornig, begann ich meine Reaktionen und Denkformeln zu hinterfragen. Mir erschien es als regelrecht naiv, weiter von der Annahme auszugehen, mit positivem Denken, dem Sprechen eines Mantras oder einem Gebet schwierige Situation verändern zu können. Die Wirklichkeit selbst widerlegte allzu häufig diese Hypothese. Doch warum hielt ich solange daran fest? Der Widerhaken an diesen Denkformeln ist eine hoffnungsgeschwängerte Statistik, die ich in meinem Kopf abspulte. »Das Wunder kann ja immer noch geschehen. Du musst einfach länger dranbleiben. Denk an Berichte von Menschen, bei denen Affirmationen geholfen haben.« Doch tief in mir regte sich Widerstand. Angelikas Krankheit widerlegte die Annahme, den desaströsen Verlauf mit positivem Denken oder Gebeten stoppen und in eine andere Richtung lenken zu können.

Ich will nicht bestreiten, dass bei manchen Menschen das zum gewünschten Ergebnis oder Erfolg führt. Was bei anderen funktioniert, lässt sich jedoch nicht generalisieren. Ebenso wenig wie unsere negativen Erfahrungen. Jetzt das Kind mit dem Bad ausschütten und zum Nihilisten werden, das war für mich auch keine erstrebenswerte Alternative. Mit der Chaostheorie lassen sich die unterschiedlichen Auswirkungen menschlichen Handelns in ähnlich gelagerten Situationen relativ gut erklären. Sie besagt, dass kleinste Veränderungen der Anfangsbedingungen große Auswirkungen auf das gesamte System haben können. Nehme ich einmal an, meine Frau hätte es anfangs wie unsere Nachbarin gemacht und das volle Spektrum der onkologischen Medizin durchlaufen – Operation, Bestrahlung und Chemo. Das wäre eine andere Herangehensweise unter den gegebenen Umständen gewesen und bei diesen Anfangsbedingungen das möglicherweise effektivere Handlungskonzept.

Vielleicht würde Angelika heute noch leben, ich müsste dieses Buch nicht schreiben und würde weiter brav an Gott glauben, wie ich es bisher getan hatte. Die Realisten würden auf diese Spekulationen sehr wahrscheinlich antworten: »Vorbei ist vorbei, du kannst es nicht mehr ändern.« Eine Position, wie sie einer meiner Freunde vertritt. Nach ihm sind solche rückwärtsgewandten Gedankenexperimente überflüssig. Sie ähneln aus seiner Sicht den Reaktionen auf Schiedsrichterentscheidungen im Fußball. »Hätte der Schiri bloß nicht den Elfer gepfiffen, dann wäre das Spiel völlig anders verlaufen.« Wer weiß, ob es das tatsächlich wäre. Es ist eine Vermutung und eine vom Ärger aufgestellte Hypothese. Mit seinem Pfiff schafft der Schiedsrichter eine Tatsache im Sinne der Fußballregeln. Ganz gleich, wie viele Augen das komplett anders sehen. Die Tatsachenentscheidung steht. Damit noch mehr Gerechtigkeit ins Spiel kommt, wurde vom DFB der Videobeweis eingeführt. Ob dieser allerdings wirklich für mehr Gerechtigkeit sorgt, wird die Praxis zeigen müssen.

Mein Rückblick und meine Recherchen zu modernen onkologischen Therapien und Pharmakotherapien waren mein Videobeweis. Ich wollte mir unsere Entscheidungen noch einmal genauer anschauen, die dahinterliegenden Muster besser erkennen, verstehen und bewerten können. Ich gehe davon aus, immer wieder einmal in Situationen zu geraten, in denen ein aufmerksames Erfassen der Anfangsbedingungen für den weiteren Verlauf von großer Bedeutung sein kann.

Aus dem Blickwinkel der Chaostheorie kann ich nicht ausschließen, dass unsere anfängliche Entscheidung eine Verkettung ungünstiger Reaktionen zur Folge hatte. Ebenso ist es wahrscheinlich, dass genau diese Entscheidung und die daraus folgenden medizinischen Behandlungen für Angelika eine Überlebenszeit der Tumorerkrankung von zwölf Jahren ermöglichte. Allerdings mit erheblichen Einschränkungen in der Lebensqualität.

Heute halte ich eine andere Vorgehensweise für naheliegender und in ihrer Effektivität als wahrscheinlicher. Rein physiologisch betrachtet, fordern die Anfangsbedingungen eines Mamma-CA eine medizinische Intervention der »Vernichtung«. Die genmutierten Zellen müssen zeitnah daran gehindert werden, sich weiter zu teilen und zu vermehren, um die zerstörerische Kettenreaktion im Organismus zu verhindern. Ihre Aktivitäten müssen abgestellt werden. Das geht nur über ein Abtöten der Zellen. Das ist die Strategie der Chemotherapie, mit Giften die degenerierten Zellen im Frühstadium der Erkrankung zu eliminieren. Wie wir wissen, kommt es jedoch immer wieder zu unplanmäßigen Zwischenfällen, da die Chemo auch gesunde Zellen abtötet, sodass ihr degenerierte Zellen entwischen, die dann andere Tumorbaustellen im Körper errichten.

Die genombasierte Medizin reduziert das Zufallsprinzip. Sie verbessert die Anfangsbedingungen der Behandlung durch die wesentlich präzisere Zellenvernichtung. Statt eines chemotherapeutischen Gießkannenprinzips greift sie die mutierten Zellen an und verschont die gesunden. Die Wahrscheinlichkeit unangenehmer Nebenwirkungen und Folgeschäden wird gesenkt, die Aussichten auf eine erfolgreiche, effiziente Behandlung steigen.

Zufall als Genie und Wahnsinn

Annahmen sind nicht die Ausnahme, sondern die Regel. Wir leben, denken und handeln in einem Universum von Hypothesen. Vieles in unserem Tun und Denken richtet sich nach den Prinzipien des »Wenn, dann«. Wir arbeiten viel, manchmal zu viel, um mehr zu erreichen, wie eine Beförderung oder Gehaltserhöhung. Wir nehmen an, damit Erfolg zu haben. Wissenschaftler bilden Hypothesen für Laborversuche und Testreihen. Singles nutzen Partnerportale in der Annahme, hier jemanden fürs Leben oder ein Date finden zu können. Paare gehen zur Eheberatung, weil diese die Möglichkeit der Problemlösung verspricht. Menschen spielen Lotto, weil sie annehmen, so zu sehr viel Geld zu kommen und ein schöneres Leben führen zu können. Gewiefte Lottospieler stellen Statistiken auf – welche Zahlen wie oft in den letzten Wochen oder eben nicht vorkamen. Sie machen Systemtipps, um ihre Chancen zu erhöhen. Wir treiben Sport, weil anzunehmen ist, dass er uns gesund hält und altersverzögernd wirkt. Unternehmen beauftragen Unternehmensberater, weil sie unter allen Möglichkeiten diese für die beste Erfolgs- oder Krisenstrategie halten. Wir glauben an Gott, weil wir annehmen, dass es ihn gibt und er uns erhört. Doch wer den Lottogewinn einstreicht, das entscheidet keine Statistik und kein höheres Wesen. Es ist der Zufall. Ob die Strategie einer Unternehmensberatung greift, hängt nicht allein von den Analysen und Handlungsempfehlungen renommierter Unternehmen wie Roland Berger, McKinsey oder Bain & Company ab, sondern auch von Faktoren wie Marktentwicklung, Verbraucherverhalten, Strategien des Wettbewerbs und situativen Ereignissen. In komplexen Zusammenhängen muss man jederzeit mit unvorhergesehenen Phänomenen rechnen. Dass ein europäischer Spitzenclub wie der FC Bayern München unter einem internationalen Erfolgstrainer wie Carlo

Ancelotti in die Krise abrutscht, hatte niemand erwartet. Auch bei einer Eheberatung ist man nicht vor Überraschungen sicher. Bei manchen Paaren hilft sie. Bei anderen führt sie zur Trennung, weil sie in den Sitzungen erkennen, dass ein Cut und Neuanfang für sie besser wäre.

In der Chaostheorie spricht man von »nichtlinearen Phänomenen«, also außerplanmäßigen Geschehnissen, Ereignissen und Entwicklungen, mit denen man nicht gerechnet hat oder die sich nicht erklären lassen. Wie die Urknall-Theorie. Sie ist eine Annahme in Astronomie, Physik und Biologie, allerdings gestehen Physiker ein, den »Big Bang« nicht erklären zu können. Streng wissenschaftlich gesehen gilt etwas erst als bewiesen, wenn das Gegenteil ausgeschlossen werden kann und eine bestimmte Anzahl von Tests das Ergebnis bestätigt.

Viele Entdeckungen und Erfindungen sind nicht das Ergebnis von Annahmen, experimentellen Theorien oder Planungen, sondern sie sind entstanden durch Zufall, ungewöhnliche Umstände oder Missgeschicke. Von Albert Einstein wissen wir, dass er auf die Relativitätstheorie durch einen Traum gekommen ist, in dem er auf einem Lichtstrahl reiste. Die Bakteriologie, die Erfindung des Penicillins durch Alexander Flemming, ist dem Umstand zu verdanken, als in eine Schale mit Gewebekultur versehentlich ein Farbstoff geschüttet wurde. Die Plastikfolie war das zufällige Ergebnis einer Explosion in einem englischen Chemielabor.[96] Das Wassereis am Stiel war die Erfindung eines Elfjährigen, der über Nacht seine selbst gemachte Limonade mit einem Löffel vor der Tür stehen ließ. Am nächsten Morgen war die Flüssigkeit gefroren. Kartoffelchips sind eine Erfindung aus Wut. Der Koch des Eisenbahnmagnaten Cornelius Vanderbilt ärgerte sich über das Rummäkeln an seinen Bratkartoffeln, sodass er sie hauchdünn schnitt, frittierte und eher »unfreiwillig« die Kartoffelchips erfand. Das Klebeband TESA sollte eigentlich ein Pflaster werden. Teflon als Industrieprodukt geht auf das Konto der Ehefrau eines französischen Chemikers.[97]

Bringen Zufälle großartige Leistungen und Innovationen in Technik, Medizin, Wissenschaft und Forschung der Menschheit Vorteile, können wir sie problemlos akzeptieren. Sie bedrohen weder unser Weltbild noch unseren Verstand. Doch fügt der Zufall uns Schaden zu oder benachteiligt er uns, sehen wir in ihm eine unberechenbare, hinterhältige Macht, die allzu oft harte Opfer fordert. Was denkt sich der Zufall nur dabei, wenn eine 28-jährige Autofahrerin an einer Ampel von einem umstürzenden Baum erschlagen wird? Oder wenn eine Fußballtribüne einstürzt und 58 Fans unter sich begräbt. Oder wenn sechs Jugendliche, die in einer Laube übernachten, durch ausströmendes Kohlenmonoxid eines undichten Heizofens im Schlaf ersticken? Die Liste solcher tragischen Zufälle ließe sich beliebig fortsetzen.

Die Hinterbliebenen werden sich diese Frage stellen, warum gerade ihre Angehörigen auf diese verrückte Art und Weise ums Leben kommen mussten. Waren sie zur falschen Zeit am falschen Ort? War es Karma, Schicksal oder eine Verkettung ungünstiger Umstände? Solche Ereignisse durchbrechen unsere Denk- und Erklärungsmuster. Umgekehrt erstaunen uns Zufälle der Kategorie »Wunder«. Babys, die Erdbeben überleben, Kinder einen Sturz aus dem 3. Stock, oder Menschen, die ihr Flugzeug wegen eines Staus verpassen, das später abstürzt. Sie hatten Glück, die anderen leider Pech. So makaber das auch klingt. Eine glückliche Fügung erlebt auch derjenige, der ein Los geschenkt bekommt, das ihm Millionen bringt.

Das Leben hat keinen Plan

Positive als auch negative Zufallsereignisse passieren wie von unsichtbarer Hand gesteuert. Ohne unser Zutun, ohne moralisch-ethische Rechtfertigung, ob der Lottogewinner, die Überlebenden oder der neue Abteilungsleiter so viel Glück überhaupt verdient haben. Das interessiert höchstens die Neidfraktion. Niemand kann vorhersehen, was passiert und wie uns das Leben gesonnen sein wird. Wie oft verflüchtigen sich unsere Pläne, liegen wir mit unseren Spekulationen und Prognosen daneben. Zukunfts- und Wahlforscher und auch Wetterdienste sind berüchtigt für ihre Fehleranfälligkeit. Kein Jahresrückblick macht uns weiser, kaum jemand hält die guten Vorsätze fürs neue Jahr durch. Und selbst über vergangene Ereignisse gibt es unterschiedlichste Deutungen und Ursachenerklärungen unter Historikern, Soziologen und Ökonomen. Beispiel Finanzkrise 2007. Sind die Lehman Brothers schuld, die Banken oder die Immobilienbesitzer? Historiker streiten immer noch darüber, auf wessen Konto der Erste Weltkrieg geht. Wer einmal vor Gericht gezogen ist, wird sich wundern, wie die für ihn klare Rechtslage aussieht, wenn gegnerische Anwälte und das Gericht gesprochen haben.

Nichts ist eindeutig und für alle Seiten zufriedenstellend – weder die Vergangenheit, die Gegenwart noch die Zukunft. Niemand kann es jemals allen recht machen. Wir sind anthropologisch so gestrickt, dass wir immer etwas zu meckern haben. An uns selbst, an anderen, an der Gesellschaft, an Gott oder der Welt. Bei einer Umfrage[98] unter 20.000 Deutschen gaben 50 Prozent an, dass sie nur eingeschränkt zufrieden mit ihrer finanziellen Situation, ihrem Job oder ihrer Gesundheit und Fitness sind. Und natürlich wenden Karriereberater sofort ein, dass Unzufriedenheit uns auf dem Weg zum Erfolg blockiert. Und selbstverständlich können sie einen Sieben-Punkte-Plan vorlegen, der uns befähigt, störende Haltungen erfolgreich abzulegen. Die »positive Psychologie«, Coaching-Branche und Lebensberatung erleben nicht rein zufällig einen regelrechten Boom. Jeder will ein großes Stück vom Glückskuchen abbekommen. Wer positiv denkt, fühlt und eingestellt ist, erhöht seine Chancen auf ein erfülltes Leben. Das ist eine weit verbreitete Ansicht. Die muss nicht verkehrt sein. Doch inwieweit ist eine positive Haltung imstande, nicht lineare Phänomene zu beeinflussen, deren Ursachen im mysteriösen Wirkungsbereich des Chaos liegen? Besitzen Gebete und Affirmationen eine regulative Kraft? Sind sie imstande, dem Chaos eine ordnende Struktur in ihrem eigenen Interesse zu geben – durch bestimmte Übungen oder Haltung?

Ich habe den Eindruck gewonnen, dass das Unberechenbare seinen eigenen Spielregeln folgt. Es kann jederzeit unsere Pläne durchkreuzen und uns vor schwierige Aufgaben stellen. Der Mathematiker Nassim Taleb bezeichnet unvorhersehbare Ereignisse als »Schwarzer Schwan«[99]. Das können revolutionäre Erfindungen, wissenschaftliche Durchbrüche, individuelle und kollektive Katastrophen, unlösbare Situationen oder die Liebe des Lebens sein, die plötzlich vor einem steht.

Der Theoriegedanke der »Schwarzen Schwäne« geht zurück auf den Wissenschaftstheoretiker Karl Popper, der Anfang des 20. Jahrhunderts die sogenannte Falsifikationsmethode für Hypothesen entwickelte. Eine Annahme gilt demnach solange als richtig, wie sie durch Beobachtungen oder Experimente nicht falsifiziert, also verworfen werden kann. Er stellte das am Beispiel von Allsätzen dar. »Alle Schwäne sind weiß«, galt als richtige und wahre Aussage unter der Bedingung, dass sie nicht durch Beobachtung oder Erfahrung widerlegt werden konnte. Als erstmals schwarze Schwäne entdeckt wurden, musste dieser Satz als falsch verworfen werden.

Was kann die Psychologie von positiven Denk- und Glaubensmodellen in einem chaotisch organisierten Leben erreichen? Beispiele sprechen für die Richtigkeit und Funktionalität dieser Lehre. Kann aus diesen individuellen »Zufallstreffern« eine für jedermann realisierbare Methode für Glück, Wohlstand und Erfolg hergeleitet werden? Oder steckt dahinter mehr eine geschickte Marketingstrategie, die sich gut verkaufen lässt. Wer träumt nicht von Glück und Erfolg?! Ich erinnere mich noch sehr genau an die Superstars der Coaching-Szene, die in den größten Auditorien begeisterte Zuhörer mit Erfolgsbotschaften fütterten. Die Faszination an solchen Veranstaltungen und Coaches ist ungebrochen. Warum? Weil wir uns alle eine Firewall gegen die Unberechenbarkeit des Lebens wünschen und eine Affinität für Du-kannst-alles-Schaffen-Fantasien haben. Alles erreichen können, wer will das nicht. Und wer sehnt sich nicht nach einer konsistenten Zufriedenheits- und Wohlfühltemperatur, die sein Leben schöner macht.

Die Optimismus-Industrie hat etwas Magisches. Sie greift die heimlichen Wünsche des kollektiven Unbewussten auf und verkauft uns das Mittel für ihre Verwirklichung. Die Erwartungspsychologie ist eines davon. »Des Lebens Ruf an uns wird niemals enden. Wohlan denn Herz, nimm Abschied und gesunde«, schreibt Hermann Hesse in seinem Gedicht »Stufen«. Daran musste ich häufiger denken während der Krankheit meiner Frau. Wie oft mussten wir Abschied nehmen von der Hoffnung auf Besserung. Jedes neue Kernspin, MRT und Labor waren ein Schlag in die Magengrube. Als auch Chemotherapie und Bestrahlungen versagten, ließ sich die Wirklichkeit des Abschiednehmens nicht mehr verdrängen. Allein das Herz wehrte sich noch. Planen, Hoffen und Handeln sind Eigenschaften der menschlichen Natur. Wir müssen und sollen diese Eigenschaften kultivieren, weil sie uns Struktur, Auftrieb und Dynamik verleihen. Sich zu organisieren hilft einfach, besser mit der Chaosstruktur des Lebens klarzukommen. Manchmal denke ich, dass Angelika auf der Seelenebene eine Zuordnung der Krankheit und ihres Schicksals für ihren Lebenskontext herstellen konnte und in den inneren Frieden fand.

Ich hatte oft darüber nachgedacht, was Jesus mit der Aussage meint, er komme wie ein »Dieb in der Nacht«. So erlebte ich den Verlust von Angelika als einen unerwarteten Raub. Mein integres Glaubens- und Weltbild wurde gleich mit eingesackt. Die Diagnose war tatsächlich ein »nächtlicher Überfall« – keiner von uns hatte das auf dem Radar. Doch ihr Umgang mit der Situation, ihre Meditationen und auch Gebete schafften diesen Zustand des »Wachens«. Eine Bewusstseinshaltung, die sich sehr klar darüber wurde, was sie loslassen musste und was sie erwartete. So deute ich das unerklärlich Friedvolle, was sie in den letzten Tagen ausstrahlte. Dass wir Dinge nur eingeschränkt lenken und planen können, hat auch etwas Gutes. Wir müssen uns nicht verbiegen, um etwas zu erreichen. Oder es mit aller Macht durchboxen wollen, wenn Widerstände spürbar sind. Es reicht, sein Bestes zu geben. Und alles Weitere dem verrückten, schönen Leben zu überlassen.

Mit der Zeit konnte ich wieder lachen und mich selbst über Invalidenplastiken eines Markus Lüpertz köstlich amüsieren, die dem Geniekult um Mozart einen regelrechten Genickschuss verpassten. In Augsburg war man empört über den Lüpertzschen Mozart, den er seinerzeit der Stadt andrehen wollte. Ich fand Freude an Live-Konzerten und konnte auch wieder Orte aufsuchen, die ich bisher vermieden hatte, weil sie emotional mit Erinnerungen an Angelika besetzt waren. Mein Tritt auf der Lebensbühne wurde allmählich fester, mutiger und entschlossener. Also, Vorhang auf für ein neues Stück! Genug der Trauerspiele, eine Komödie fände ich jetzt gut, aber bitte keine göttliche, die sind mir zu tiefgründig.

Die launische Göttin Fortuna

So unberechenbar, wie ich das Schicksal in den letzten Jahren erleben musste, ging ich das Projekt Zuversicht zunächst etwas verhaltener an. Es war noch nie meine Art, mich dem Leben an den Hals zu werfen. Jetzt erst recht nicht. Die Erlebnisse der letzten Monate hatten mir einen ziemlichen Respekt eingeflößt. Doch fasste ich den Entschluss, mich nicht in die Defensive drängen zu lassen und zurück zu meiner Ich-packsan-Power zu finden. Schluss mit Grübeln und Zaghaftigkeit. Ich wollte den Szenarien kein dauerhaftes Asyl in meinem Bewusstsein gewähren. Am besten das Leben akzeptieren, wie es ist – mit all seiner Härte, seinen Widersprüchen und seiner merkwürdigen Politik der Glücksverteilung. Mich über Dissonanzen aufregen? Unnötig! Das kannte ich doch hinlänglich aus meinem Job, wenn eine Kampagne von einem Vorstand plötzlich zerrissen wird, die er noch kurz zuvor über den grünen Klee lobte. Oder wenn in einer Präsentation die Diskussion der Entscheider in einen gruppendynamischen Prozess kippt, und das latente Konfliktpotenzial freispült, das zwischen ihnen herrscht. Die vorgestellte Strategie wird in solchen Situationen schon einmal zur Freud'schen Couch. Psychoanalytiker hätten an solchen Settings ihre Freude. Auch das Thema Glück poppte zunehmend in mir auf. Zwar liefen die Dates mit der Glücksgöttin Fortuna alles andere als gut, aber mich auf diese schroffe Art abservieren lassen – damit war ich keinesfalls einverstanden. Ich wollte das Glück aus der Deckung locken. Irgendwo in den Verästelungen des Daseins hatte es sich verfangen. Vielleicht muss ich diese launenhafte Göttin Fortuna einfach etwas bezirzen? So wie Odysseus der Meernymphe Kalypso den Kopf verdrehte?! Eine zu schöne Fantasie! Was ich an Gestalten aus der Antike mag, ist ihre Deutungs- und Symbolkraft für das Leben, die Wissenschaft und die eigene Existenz. Selbst wenn dabei solch belächelte Konstrukte wie Freuds Ödipuskomplex herauskommen oder Helden- und Führermythen, die man lieber aus der Geschichte streichen würde. In der römischen und griechischen Mythologie wird die Glücksgöttin »Fortuna« bzw. »Tyche« als eine wankelmütige und zwiespältige Göttin beschrieben, die ihre Gaben aus dem Füllhorn ohne Ansehen der Person verteilt. Eine sehr aufschlussreiche Charakterisierung. Wenn wir davon ausgehen, dass Fortuna das himmlische Logistikzentrum des Glücks ist, scheint es unerheblich zu sein, wie man als Mensch drauf ist, was man getan oder unterlassen hat. Es ist in keiner Weise ausschlaggebend für die Glücks- und Schicksalszuteilungen Fortunas. Sie erhöht Menschen und erniedrigt sie, sie führt launenhaft den Wechsel der Geschicke herbei. Die göttliche Ahnenlinie Fortunas spricht für sich. Bei den Griechen ist Tyche eine Tochter des Zeus. Und wie wir wissen, ging es im Olymp ziemlich drunter und drüber. Intrigen und Missgunst, Inzucht und Tötungsdelikte waren im griechischen Götterhimmel an der Tagesordnung. Das Erbgut, das Zeus der Tyche mitgegeben hatte, weist erhebliche Defekte auf. Psychoanalytiker würden sie als gespaltene Persönlichkeit klassifizieren. Kurz gesagt: Es ist reines Glück, wenn einen das Glück trifft. Trotz ihrer ambivalenten Natur ist sie beliebt, die Göttin Fortuna. Von allen Mythenfiguren hat sie die nachhaltigste Präsenz in unserer Zeit. Vereine, studentische Verbindungen und Versicherungen führen sie in ihrem Markennamen. Inwieweit ihr das imponiert, wissen die Götter.

Regelrecht entmythologisiert geht die amerikanische Verfassung mit dem Thema Glück um. Sie hat das »Streben nach Glück« als ein Grundrecht verbrieft. Thomas Jefferson, maßgeblicher Autor der Unabhängigkeitserklärung von 1776, schreibt: »Wir halten diese Wahrheiten für ausgemacht, dass alle Menschen gleich geschaffen sind, dass sie von ihrem Schöpfer mit gewissen unveräußerlichen Rechten ausgestattet sind; dass dazu Leben, Freiheit und das Streben nach Glück (Pursuit of Happiness) gehören.«[100] Erklärt sich aus dem Verfassungsrecht der amerikanische Traum und die Begeisterung der Amerikaner für erfolgreiche Menschen? Auch das kleine Land Bhutan im Himalaya, so groß wie die Schweiz, hat Glück auf eine kollektive Ebene gehoben und das Bruttonationalglück seiner 700.000 Bewohner in der Wertschätzung höher eingestuft als den wirtschaftlichen Erfolg des Landes. Ob als Grund- oder Staatsrecht deklariert, Glück bleibt ein eigenwilliges Phänomen und dem Wesen der Fortuna eng verbunden. Wissenschaftler versuchen bisher vergeblich, die Psychologie des Glücks zu erforschen. Sie rätseln, ob Gene eine Rolle spielen, dass das Glück dem einen lacht und dem anderen nicht. Auch das Paradoxon des Glücks ist für Psychologen, Neurologen, Genetiker und Sozialforscher nicht erklärbar, warum manche Menschen, die alles haben – Haus, Geld, Erfolg – dennoch unglücklich sind und andere trotz eines schweren Schicksalsschlags ein glückliches Leben führen?[101] Vielleicht liegt es am Überschuss von Serotonin – die »Glücklichen« haben ein gut gefülltes Depot mit diesem Wohlfühlhormon, das von äußeren Umständen relativ unbeeinflusst bleibt. Und auch von Fortunas Glücksgaben. Andere Menschen wiederum macht erst ein Wertpapierdepot mit den richtigen Aktien glücklich.

Für individuelles Glücksmanagement haben die einen ein gutes Händchen und andere stellen sich weniger geschickt an. Ein Beispiel aus der Comic-Literatur. Die Kontrahenten Gustav Gans und Donald Duck. Gustav Gans ist der geborene Erfolgstyp, dem das Glück an den Fersen klebt. Donald, der Pechvogel und ewige Verlierer, hetzt von einem Missgeschick ins nächste. Was Gustav anpackt, wird zu Gold. Was Donald in die Hände nimmt, endet im Chaos. Gustav strotzt vor Selbstbewusstsein. Donald neigt zu Übermut und Ungeschick. Auch im richtigen Leben finden wir die Gustav-Gans-Typen, die über das Glück stolpern, und die Donalds, denen das Leben hart zusetzt.[102] Da kommt beides zusammen: persönliches Ungeschick und die Distributionslogik Fortunas. Die Anhänger der Karma-Lehre und Schicksalsgesetze müssen darüber nicht groß philosophieren: »Der Mensch bekommt, was er verdient.« Aha, und was sagen die »Glücksverkäufer« dazu, die mit neurolinguistischen Programmen und Homo-Faber-Botschaften durch den Bücher- und Coaching-Markt ziehen und behaupten: »Du kannst dir dein Glücksuniversum bauen, hier und jetzt.«?

Im Streben nach Glück versuchen wir schon einmal etwas nachzuhelfen. Mancher ist sogar bereit, für Glück und Erfolg seine Seele zu verkaufen. Sehr schön nachzulesen im Märchen »Das kalte Herz« von Wilhelm Hauff. Peter Munk, der Köhlerjunge, lässt sich auf einen Tausch mit dem Holländermichel ein, der ihm Wohlstand und Geld ermöglicht. Peter opfert als Gegenleistung sein Herz, bekommt als Äquivalent eines aus Stein. Entsprechend verhält er sich. Hartherzig häuft er Wohlstand an und geht im wahrsten Sinne des Wortes über Leichen. Für manchen ist das Märchen das anschauliche Psychogramm eines Turbokapitalisten. Goethes Faust legt es weniger auf Vermögensbildung an, er geht für den Erkenntnisgewinn einen Pakt mit dem Teufel ein. Am Ende erblindet er. Ein schlechtes Tauschgeschäft.

Doch wer will es uns verdenken, wenn wir versuchen, dem Glück auf die Sprünge zu verhelfen?! Manche Herzenswünsche entwickeln solch eine Wucht, dass man am Widerstand des Lebens und der Wirklichkeit gegen deren Erfüllung verzweifeln könnte. Es gibt Situationen, in denen man zu allem bereit ist. Wie bei einer lebensbedrohlichen Krankheit. Wir waren es. Man springt einfach auf »Wundermittel« und »Wunderheiler« an. Wie Faust ist man bereit, sich der Magie zu ergeben. Um das eigene Leben den Klauen des Krebses entreißen zu können, springt man über viele Schatten. Wir haben es versucht. Leider vergeblich.

Glück ist immer ganz anders. Macht, Kapital und Gesundheit sind Urbilder des Glücks. Auf der Handlungsebene können wir einiges für unser Glücklich-Sein tun, das nicht von äußeren Faktoren oder Fügungen abhängt. In meiner ersten Agentur war ich als PR- und Marketingberater für einen Unternehmer tätig, den ich als »Glücksfänger« bezeichne. Er hatte nie studiert, »nur« die Volksschule besucht und kam aus bescheidenen Verhältnissen. Trotzdem hatte er es geschafft, ein einzigartiges europaweit agierendes Unternehmen in der IT-Branche aufzubauen, das später an die Börse ging. Dieser Mann war ein Phänomen und das Musterbeispiel eines Autodidakten. Er war wissbegierig, kommunikativ und schon in der prädigitalen Zeit ein ausgezeichneter Netzwerker. Ihm war wichtig, andere mitzureißen, zu begeistern, was er auch hervorragend verstand. Sein Antrieb, seine intrinsische Motivation war ein Mantra, das in seiner DNS steckte: »Ich will das Beste aus meinem Leben machen, ich will Erfolg haben.« Das schaffte in ihm eine Aufmerksamkeit ähnlich einem Radar, sodass er eine ganz bestimmte Marktlücke lokalisieren konnte, die er handlungsschnell besetzte und auf der sein unternehmerischer Erfolg gründete. Im Laufe meiner Werbekarriere lernte ich einige solcher Unternehmer mit ähnlichen Erfolgsgeschichten kennen. Und doch waren bei jedem der Lebenskontext und das Bedingungsgefüge des Glücks ein völlig anderes. Das Glücks- und Erfolgsprinzip des Einen würde nicht im Business und Leben des Anderen funktionieren. Vielleicht hat jeder sein eigenes »Glückskarma«.

Angelikas Krankheit war keine glückliche Zeit für uns. Ich frage mich, wo das Glück verweilt, wenn Trauer, Schmerz und Leid den Alltag bestimmen? Hat es keine Handlungsvollmacht, um uns einen kleinen Hoffnungsschimmer zu schenken? Was sonst könnte den Menschen bewegen, den Kampf weiter durchstehen zu wollen, als ein Glücksfunken. Sei es, dass die Blutwerte wieder besser werden, die Schmerzen weniger, die Übelkeit nachlässt oder die Angst für einen Moment besiegt ist. Wir brauchen doch die Zuneigung der Götter, um die Härtephasen des Lebens durchzustehen. Doch wie schreiben die Mythen? Eine launische Göttin sei Fortuna. Und Gott? Nun, dessen Offenbarungsunlust war ungebrochen.

Wie oft hört man von erfolgreichen Menschen, dass sie eine Menge Glück hatten und den richtigen Menschen mit den richtigen Kontakten zur richtigen Zeit trafen. Pessimisten haben es da gut. Sie müssen sich nicht über das Ausbleiben des Glücks oder über Lebensdramen aufregen. Das passt bequem in ihr Weltbild. »Ich habe nichts anderes erwartet.« Nihilisten spekulieren erst gar nicht auf Glück oder grübeln über die Untiefen des Schicksals: »Unser ganzes Leben ist ein unausgesetzter Kampf mit Hindernissen, die am Ende den Sieg davontragen.« Eine der vielen Lebensweisheiten aus dem Munde Arthur Schopenhauers, der entweder keine glückliche Kindheit hatte oder einfach nur ein schwermütiger Geist war. Auf die Spitze treibt es Friedrich Nietzsche, der Kopf des Nihilismus: »Der Nihilismus als psychologischer Zustand wird eintreten müssen, erstens, wenn wir einen Sinn in allem Geschehen gesucht haben, der nicht darin ist: so daß der Sucher endlich den Mut verliert. Nihilismus ist dann das Bewußtwerden der langen Vergeudung von Kraft, die Qual des Umsonst, die Unsicherheit, der Mangel an Gelegenheit, sich irgendwie zu erholen, irgendworüber noch zu beruhigen … die Scham vor sich selbst, als habe man sich allzulange betrogen.«[103] Fatalisten kommen noch am besten mit den Launen des Schicksals zurecht. Aus ihrer Sicht sind seine Fügungen unausweichlich. »Komm damit klar oder nicht!« Optimisten kann nichts so schnell erschüttern. Sie sind lebensbejahend, zuversichtlich und haben ein positiv aufgeladenes Temperament. Die wirft auch keine negative Erfahrung so schnell aus der Bahn. Merkwürdig ist es alle Male mit dem Glück. Obwohl manche Menschen zahlreiche Begabungen mitbringen, äußerst fähig sind, ihr Bestes geben, läuft vieles schief, und sie gucken in die Röhre. Während andere mit einer mittelmäßigen Ausstattung es bis in Spitzenpositionen oder zu börsennotierten Unternehmen bringen.

Sind manche Menschen folglich die geborenen Glückskinder und andere die Pechvögel? Oder stellt der Gedanken- und Motivationsmotor die Weichen, wie es Coaches für Erfolg und Lebensglück behaupten? Die üblichen Muster und Bilder des Glücks sind bekannt. Aber was ist mit der Abwesenheit von lebensbedrohlichen Krankheiten und tragischen Ereignissen? Gehört das nicht auch zum Glücklich-Sein? Jeder Mensch hofft, dass es ihn nicht trifft und er davon verschont bleibt. Jeder will die Ausnahme im statistischen Zufallsspiel sein. »Fast jeder zweite Deutsche erkrankt im Laufe seines Lebens an Krebs«[104] titelte der Spiegel zu einer Risiko-Studie. Wenn bösartige Tumore fast schon eine Volkskrankheit sind, muss jeder sich glücklich schätzen, der davon verschont bleibt. Als meine Frau und ich mit der Diagnose konfrontiert wurden, sprengte das meine Illusion der Unverletzlichkeit. Niemals hätte ich mir vorstellen können, dass es einmal meine Frau erwischt. Ihre bejahende Art, ihr Gesundheitsbewusstsein, ihre Liebe zum Leben und ihr Glauben hatten für mich etwas von einem Gatekeeper gegen zerstörerische Elemente. Ich sah sie als einen Schutzmantel. Sie und Brustkrebs? Undenkbar! Selbst als die Diagnose vorlag, klammerte ich mich an ihre Lebenseinstellung und dachte, wenn es eine schafft, dann sie.

Die große Desillusionierung brach in dem Moment herein, als die Krankheit unbeirrbar ihr Manifest der Zerstörungslust gegen alle unsere Überzeugungen ausspielte und uns klar wurde, dass Angelikas Leben dem Ende entgegenging. Als ob eine innere Stimme uns sagte: »Nichts wird mehr helfen.« Diese

Ohnmachtserfahrung hatte etwas Erniedrigendes. Die Therapie- und Heilungsbemühungen wurden von Angelikas Körper abgeschmettert. Wie soll man das deuten, vom Lebenshaus, in dem man steckt, auf so rüde Weise abgewiesen zu werden? Warum lehnt der Körper unsere Zuwendungen ab – gesunde Ernährung, Schlaf, Ruhepausen, Sport und Entspannung? Wir fördern den Abtransport von freien Radikalen, unterstützen Zellen, Organe und Stoffwechsel mit Vitalstoffen und Nahrungsergänzungsmitteln, sind nett und freundlich zu ihm und dennoch verweigert sich der Organismus gegenüber unserer Fürsorge. Auf eine gewisse Art ist das unheimlich. Leben wir in einer Terra incognita? Welche Rolle spielt das Glück in dem ganzen Geflecht?

Eine Gabe des Glücks ist für mich heute die Abwesenheit einer lebensbedrohlichen Krankheit. Gesundheit kann man nicht hoch genug als Gut einschätzen. Früher musste ich immer schmunzeln, wenn Menschen ihre Wünsche auf »Hauptsache gesund!« reduzierten. Ist das alles? Heute weiß ich, welchen unvergleichlichen Wert die Gesundheit für das eigene Leben darstellt. Und wie viel Zeit und Mühe es kostet, wenn man darum kämpfen muss.

Eine Krankheit zum Tode kann alles mit einem Schlag zunichtemachen. Ziele, Pläne, Beziehungen, Hab und Gut. Und Weltbilder. Bleiben Menschen im Ungewissen darüber, was um sie herum passiert und wie es weitergeht, wenn sie das Gefühl haben, sie können eine Situation nicht beherrschen, ist es vorbei mit der Selbstsicherheit. Sie werden nervös. Die Ohnmacht, die wir erlebten, machte mir Angst. Weil es eine Situation war, die sich quer gegen das technizistische Denken und Handeln stellte, das uns einredet, alles sei möglich, machbar, lösbar. Softwaretools können menschliche Wünsche und Bedürfnisse abtasten und präzise Konsumentenprofile abbilden. Marketingautomation beglückt Verbraucher mit maßgeschneiderten

Angeboten, künstliche Intelligenzlösungen wissen besser, was der Kunde in der Tiefe seiner Seele wirklich will. Unternehmen können mit ihrem datengesteuerten Blick ins Herz der Verbraucher schauen, mehr Kunden gewinnen und diese kosteneffizienter sowie langfristig an sich binden. Das ist die neue Marketingreligion. Eine, die ich auch vertrete.

Doch eine von instrumentellen Machbarkeitsfantasien geleitete Glücksphilosophie hat etwas Suspektes. Sie lässt Menschen in der Illusion wabern, jeder könne Glück und Erfolg für sich herstellen. Der Psychologe Tom G. Stevens empfiehlt, Glück zu einem der wichtigsten Ziele im Leben zu machen und hält sieben Strategien für ein erfülltes Leben bereit. Man könne zum Beispiel solange an etwas Schönes denken, bis man lächeln muss. Alles schön und gut. Da gibt es nichts einzuwenden. Wenn es denn funktioniert, heiligt der Zweck die Mittel.

Ich denke die Kunst des Glücks hängt davon ab, wie wir es definieren und in welcher Form wir es für uns geltend machen wollen und können. Philosophen haben dazu viele schlaue Sachen geschrieben. »Glücklich kann (…) derjenige genannt werden, der, von der Vernunft geleitet, nichts mehr wünscht und nichts mehr fürchtet«, meint Seneca. Das klingt nach einer tiefen, kompromisslosen Versöhnung mit dem Leben. Mir gefällt die Aussage von einem Philosophen des Fußballplatzes, die von Pal Dardai, dem Trainer von Herta BSC: »Fußball ist Ergebnissport, da hilft kein Hätte, Wenn und Aber.« In diesem Sinne, sich unbedingt und bedingungslos auf den »Ergebnissport Leben« einlassen und ein Glücksfänger werden. Mit wachen Sinnen und offenen Augen. In dem Wissen, es ist, wie es ist, und es kommt, wie es kommt. Ohne Hätte, Wenn und Aber.

Die Hoffnung stirbt zuletzt. So ist es.

Mit der Hoffnung ist es so eine eigenartige Sache. In den letzten Jahren habe ich verschiedenste Facetten kennengelernt. Hoffnung, die Mut macht, die berechtigt ist, die sich zerschlägt, die enttäuscht und die stirbt. Die Hoffnung ist eine riesige Projektionsfläche, ein Zukunft-gerichtetes Abziehbild von etwas Erwünschtem. Hoffen, so lässt es sich bei Philosophen, Psychologen und Glücksforschern nachlesen, hängt mit Freiheit zusammen, Modelle des Besseren oder eines glücklicheren Lebens zu entwerfen und anzustreben. Die Existenzialisten der Moderne nannten das Lebensentwurf. Woran der französische Denker Jean-Paul Sartre einem gleich wieder die Lust verdirbt. »Der Mensch ist verurteilt, frei zu sein«, hört sich sehr nach Bürde an. Dass der Mensch der Verantwortung zur und an der Freiheit nicht gerecht, sondern schuldig werden kann, davon handeln Sartres Dramen. Nach dieser moralphilosophischen Lektüre greift heute kaum noch jemand. Auch, weil Verantwortung ein Auslaufmodell und eine Phrase geworden ist. »Hoffnung heißt, dass die Dinge anders sein können«, wie es der Professor für Erkenntnistheorie, Markus Gabriel, in einem Interview mit der taz formulierte. »Menschen haben einen Sinn im Kern ihres Denkens und Fühlens dafür, daran zu glauben.« Hoffnung hat nicht wie das Glück einen Erfüllungsgehilfen. Sie ist mehr mit der Wahrscheinlichkeitstheorie verwoben. Dass Hoffnungsgebilde Wirklichkeit werden, hängt von Wahrscheinlichkeitsfaktoren ab. Die Wahrscheinlichkeit, dass Uli Hoeneß Präsident bei RB Leipzig wird, ist utopisch und gleich Null. Die Wahrscheinlichkeit, dass Top-Torjäger der Bundesliga ins Ausland wechseln, ist sehr hoch. Präsidenten von Fußballclubs in Deutschland wechseln nicht in andere Vereine. Empirie und Etikette sprechen dagegen. Umso wahrscheinlicher ist der Wechsel von Torjägern, da es einfach eine Regel des Marktes ist und zum Geschäft gehört – Top-Spieler werden gejagt und abgeworben. Wie hoch die Wahrscheinlichkeit ist, dass eine Chemotherapie anschlägt und die Erkrankung besiegt, lässt sich nicht nur vage sagen. Zum einen, weil die Statistik die Wahrscheinlichkeit einer erfolgreichen Behandlung einschränkt. Gleichzeitig liegt es im Bereich des Möglichen, dass der Patient in die Gruppe derjenigen fällt, bei denen die Behandlung erfolgreich ist. Nach der Laplace'schen Regel besteht die gleiche Wahrscheinlichkeit – zu überleben oder zu sterben. Im Sinne der Wahrscheinlichkeitstheorie wäre es also geradezu töricht, die Möglichkeit des Wahrscheinlichen auszuschließen. Wer behauptet, dass Menschen an der Chemotherapie sterben, ignoriert alle jene Fälle von Patienten, die wegen der Chemotherapie überlebt haben.

Die Hoffnung war für uns eine der treibenden Kräfte, sich auf den Prozess einzulassen und die schwierigen Phasen durchzustehen. Hoffnung hat ein enormes Motivationspotenzial. Sie lässt einen diese Wirklichkeit und das Wissen um die Fakten ertragen. Ich glaube nicht, dass wir uns in Illusionen oder unrealistische Träumereien geflüchtet haben. Der Diagnoseschock und die Art, wie uns die Ärztin die Wahrheit vermittelt hatte, setzte ein Wirklichkeitsgefühl frei, das ich nicht mehr ignorieren konnte. Von da ab war die Hoffnung unser ständiger Begleiter. Sie war die Gegenkraft zur quälenden Wahrheit, dass es ums Überleben geht. Es ist einfach brutal, wenn die Hoffnungen sich dann nicht erfüllen. Am liebsten war mir die Qualität der Hoffnung, die Adrenalin und Zuversicht freisetzte, weil das Ergebnis der Untersuchung gut war. Oder wenn Angelika Fortschritte zu machen und der Aufwand der Chemo sich auszuzahlen schien. Als hinterhältig erlebte ich die Hoffnung in den Momenten, wo die positiven Zeichen sich als trügerisch erwiesen und Angelikas Zustand unerwartet kippte. In unlösbaren Situationen ist Hoffnung das Einzige, was man an Energie noch aufbringen kann, um mit ihr klarzukommen.

Rein faktisch kann man nichts machen. Das Heft ist einem aus der Hand genommen.

Angelika hat in Sachen Hoffnung für mich eine neue Benchmark gelegt. Zwar griff auf physischer Ebene keine der Therapien, doch wie Angelika sich auf den Abschied vorbereitete, was sie mir an spiritueller und würdevoller Haltung für solch eine schier ausweglose Lage mitgab, ist einzigartig. Das macht mir Hoffnung. So wie sie aus dem Leben schied, daran kann ich mir nur ein Beispiel nehmen. Ohne Vorwurf, ohne Groll, ohne Hass. In einem tiefen Einverständnis mit der unlösbaren Situation. Dahinter kann und will ich nicht zurückbleiben. Zorn ist in Fällen des Verlustes eines Menschen berechtigt, weil er den schicksalhaften Mächten zu verstehen gibt, dass ich die Leiden und das Unrecht in der Welt nicht verstehe, nicht akzeptieren will. Annahme und Versöhnung ist ein Einwilligen auf den Mythos des Daseins, das Unerklärliche und Unlösbare. Wenn es von Herzen kommt, schafft es inneren Frieden. Zorn und Frieden ergeben ein munteres, dynamisches Gespann. Mit sehr viel Lebensenergie. Davon kann ich nicht genug bekommen. Für den Moment. Und die Zukunft. Zu hoffen bleibt, dass Schuldmedizin und alternative, ganzheitliche Medizin im Sinne einer Kollaboration enger zusammenrücken. Denn die medizinpolitischen Haltungen gehen auf das Konto einer patientengeführten Aufklärung und Information.

Patientinnen müssen noch sehr viel stärker an die Hand genommen und auf die richtige, individuelle Strategie eingestimmt werden, um den Kampf gegen diesen unberechenbaren Gegner bestehen zu können. Die Bündelung der interdisziplinären Kräfte und Kompetenzen in entsprechenden medizinischen Zentren kann für noch mehr Qualitätssicherung in der Behandlung sorgen und Patientinnen vor möglichen Fehlentscheidungen bewahren.

Darauf hoffe ich.

Anhang

Nachgetragene Liebe. Recherche zu neuesten Diagnose- und Therapieverfahren

Präzisionsmedizin – die Waffe gegen Killerzellen

Angelika ist nicht mehr da, das Thema schon. Nach ihrem Tod konnte ich mit dem Thema Brustkrebs noch lange nicht abschließen. Ich ging ihm weiter nach, informierte mich über neuere Entwicklungen in der Medizin. Jetzt stand ich zeitlich nicht mehr unter dem massiven Druck, mit meiner Frau schnelle Entscheidungen treffen zu müssen. Jetzt konnte ich noch einmal fundierter und umfangreicher recherchieren. Es trieb mich förmlich an. Ein Gegner hatte uns besiegt. Hatte ich ihn unterschätzt? War ich taktisch zu leichtfertig in den Überlebenskampf gegangen? Eine Revanche war unmöglich. Warum also beschäftigte ich mich überhaupt noch mit ihm? Weil ich immer wieder von Frauen hörte oder ihnen begegnete, die ebenfalls gegen ihn kämpften. Kurz nach Angelika verstarb eine bekannte Sportreporterin an Brustkrebs. Auf einem Top-Event der Wirtschaft traf ich die amerikanische Sängerin Anastasia, die einen Preis für ihr Brustkrebsengagement erhielt. Es wurde eine kurze Dokumentation über ihren Leidensweg gezeigt. Ich hatte Gelegenheit, mit ihr ein paar Worte zu wechseln. Sie konnte den Gegner durch einen technischen K.O. mit Hilfe der Schulmedizin besiegen. Zahlreiche Schauspielerinnen, die an der Krankheit leiden oder starben, sind immer wieder ein Medienthema. Ich traf unsere ehemalige Nachbarin. Beide Brüste amputiert, zum Glück jetzt seit Jahren »geheilt«. Ich war sensibilisiert und aufmerksam für diese Krankheit. »Was für ein Angriff auf das Weibliche«, dachte ich mir. »Was hat sie gegen Frauen?« Umso mehr wollte ich wissen, was Forschung und Medizin mittlerweile dagegenhalten können. Über die Tragik des Erlebten und unsere Verzweiflung wollte ich wenigstens den Sieg des Wissens davontragen können. Um differenzierter und sachgemäßer die unterschiedlichen Positionen in der konventionellen und alternativen, komplementären Medizin zu verstehen. Wer weiß, ob ich dieses Know-how nicht einmal brauchen könnte. Außerdem sah ich es als eine Art nachgetragene Liebe. »Schau. Spatzl, was heute alles möglich ist. Schade, dass wir davon nicht mehr profitieren konnten.« Ich war bei zahlreichen Gesprächen mit Onkologen dabei, kann mich aber nicht erinnern, dass die neueren Forschungsansätze thematisiert oder angeboten wurden. Die meisten orientierten sich an der Richtlinie des Gemeinsamen Bundesausschusses zur Behandlung von Brustkrebs – operative Therapie, Strahlen- und Chemotherapie.[105]

Kritik an der konventionellen Krebstherapie kommt auch von fachlicher Seite: »Der zweifache Nobelpreisträger Linus Pauling vertrat die Meinung, dass der größte Teil der Krebsforschung auf Betrug beruht und dass die wichtigsten Organisationen zur Erforschung der Krebserkrankungen denjenigen verpflichtet sind, die sie finanziell unterstützen. James Watson, Nobelpreisanwärter für Medizin, 1962 und u.a. Mitentdecker der Doppelhelixstruktur der DNA, drückt es noch drastischer aus: Er betitelt das nationale Antikrebs-Programm als einen Haufen Mist.«[106] Allerdings konnte die alternative Fraktion bisher noch nicht beweisen, dass sie erfolgreicher ist und es besser kann. Der 2016 veröffentlichte Krebsbericht des Robert Koch-Instituts (RKI) dagegen bestätigt den medizinischen Wert der symptomatischen Therapie: »Gegen Krebs helfen Stahl, Strahl oder Chemo – dieser alte Leitsatz ist nach wie vor gültig. Noch immer ist es am wirksamsten, wenn die Geschwulst vom Chirurgenstahl vollständig herausgeschnitten werden kann und damit die komplette Heilung möglich ist. Bestrahlung und

Chemotherapie können diese Behandlung ergänzen oder an ihre Stelle treten.«[107] Allerdings ist die Effizienz in Bezug auf die Todesfälle zu hinterfragen:

In meiner Rückschau der letzten Jahre, Monate und Wochen tauchte die Frage in mir auf, was wir, was ich, hätten besser machen können. Es ging mir nicht um Rechtfertigung, weil mich etwa Schuldgefühle plagten, sondern um eine kritische Überprüfung der eigenen Handlungs- und Entscheidungsgrundlagen. Was uns in den entscheidenden Momenten fehlte, war vor allem das Leuchtfeuer der individuellen Präzisionsmedizin! Genau an der Schnittstelle, an der es um eine qualifizierte Therapieentscheidung pro komplementär, klassisch oder beides ging, vermisste ich eine patientenführende, unabhängige Beratung. Eine, die differenziert über die Erfordernisse einer Primärtherapie sowie die Möglichkeiten, Sinnhaftigkeit und Grenzen einer alternativen Therapie aufklärt. Wenn so viele Brustkrebspatientinnen die CAM-Medizin selbst in fortgeschrittenen Stadien nutzen, dann scheinen Struktur und Physiologie der Krankheit nicht nachhaltig genug in der Wahrnehmung der Patientinnen-Gruppe verankert zu sein. Die Kommunikationsmechanismen greifen nicht hinreichend, und die alternative Medizin scheint auch die bessere Werbung zu machen. Es gibt zwar eine Menge an Literatur und Informationen auf Krebsportalen und Praxis-Webseiten, doch bin ich überzeugt, dass die Zielgruppe der Patientinnen noch individueller angesprochen und bei der Therapiefindung abgeholt werden müsste. Allein, was meine Frau und ich an Fahrtzeiten investiert haben, um uns mehrere Facharztmeinungen einzuholen. Das lässt sich doch ökonomischer und effizienter lösen. Zum Beispiel über digitale Kundenschnittstellen auf Informationsportalen und mit interaktiven Guidelines. Die Informationsüberflutung löst nicht das Problem der Entscheidungsnotwendigkeit, sie erschwert es.

Wie würde ich heute entscheiden?

Ergebnisse sind das Kriterium, an dem Erfolg bemessen wird. Ob in der Wirtschaft, Werbung oder Medizin. Ärzte, Patienten und Angehörige wollen nichts anderes als einen positiven, erfolgreichen Ausgang der Behandlung. Und der beginnt bereits mit der Therapiewahl des Patienten. Rückblickend frage ich mich, ob unsere Entscheidungen immer so glücklich und von Vorteil waren. Ich kann jede Frau verstehen, die kritisch gegenüber Bestrahlung und Chemo ist. Die Nebenwirkungen sind einfach sehr belastend. Physisch und psychisch. Wir hatten anfangs weniger konzeptionell entschieden, eher aus Sympathie für die sanfte Medizin. Nicht aus einer Laune heraus, sondern weil Homöopathie und Alternativmedizin bei uns hoch im Kurs standen. Im Fall von Brustkrebs sollte man allerdings übergreifender und konzeptioneller vorgehen. Wie weit ist der Tumor fortgeschritten? Welche Charakteristik hat er? Was können Standardtherapien leisten, was die Ganzheitsmedizin? Liegen Fallzahlen vor? Was raten die Ärzte? Was wäre das beste Setting?

Betroffene Paare sollten sich die Flexibilität unbedingt zugestehen, möglichkeitsorientiert zu denken und nicht ängstlich oder polarisierend. Eine entweder alternative oder konventionelle Behandlung kann in die Sackgasse führen. Angelika war mit ihrem alternativen Wunsch nicht allein. Sehr viele Brustkrebspatientinnen suchen händeringend nach einer schonenden Behandlung. Bestrahlung und Chemo sind für die meisten ein Schreckgespenst. Dazu ein paar Zahlen aus einer Querschnittsstudie mit 170 Patientinnen, die »Komplementäre und Alternative Medizin« (CAM) nutzen: »Die Befragung ergab, dass 63 Prozent der Frauen CAM nutzten, in fortgeschrittenen Stadien sogar 80 Prozent. Dabei handelte es sich vorwiegend um jüngere Frauen mit höherem Bildungsgrad. 66 Prozent von ihnen nahmen Vitamine und Mineralstoffe ein, 51 Prozent Mistelpräparate, 43 Prozent übten sich in Yoga und Entspannungstechniken, 33 Prozent setzten auf Phytopräparate, ebenfalls 33 Prozent auf physikalische Therapie, 29 Prozent auf Homöopathie, 14 Prozent erhofften sich Vorteile durch die manuelle Medizin und zehn Prozent ließen sich akupunktieren. Als häufigste Gründe nannten die Frauen, sie wollten damit ihren Allgemeinzustand verbessern, ihre Selbstheilungskräfte wecken, das Immunsystem ankurbeln, aktiv etwas zu ihrer Gesundheit beitragen, die konventionelle Therapie unterstützen sowie gegen Energieverlust und Fatigue ankämpfen.«[108] Die Studie ist nicht repräsentativ. Die Ergebnisse geben jedoch Meinungen und Erwartungen von Patientinnen wider, die im Kontext von Biomedizin häufig genannt werden. Mir versetzt dieser Bericht einen leichten Hieb in die Magengrube. Er erinnert mich an einige der Anwendungen, die auch meine Frau in Anspruch genommen hatte. Ohne jeglichen Erfolg! Heute ist mir klar, warum eine alternative Behandlung als Primärtherapie nicht funktionieren kann. Sicherlich lässt sich die Effektivität von CAM-Anwendungen nicht über einen Kamm scheren. Doch einen Killer, der eine Pumpgun mit sich führt, vertreibe ich bestimmt nicht mit einem Federkiel. Seine Entwaffnung erfordert den Einsatz von Muskelkraft, Schnelligkeit und Intelligenz. In dem Fall die Mittel der maßgeschneiderten Therapie.

Präzisionsmedizin – die Waffe gegen Killerzellen

Zwar stehen Operation, Chemo- und Strahlentherapie im medizinischen Ranking noch immer ziemlich weit oben, doch hat »die Entwicklung gänzlich anderer Therapien deutlich an Fahrt aufgenommen. Inzwischen ist es möglich, die einzelne Krebszelle bis in ihre molekularen und genetischen Details zu studieren. Das erleichtert es, zielgerichtete Therapien zu entwickeln. Während die Chemotherapie sich in der Regel gegen alle sich schnell teilenden Zellen richtet, verschonen neue Wirkstoffe gesundes Gewebe weitgehend. Sie attackieren fast ausschließlich den Tumor.«[109]

Individuelle Therapie ist der Leitbegriff der modernen onkologischen Medizin. Das Spektrum ist spezifischer geworden. Neue Medikamente stehen vor der Zulassung, die selbst die klassische Krebstherapie schonender und individueller machen – einige der Stichwörter lauten bispezifische Antikörper-Therapie, Aufspüren von Wächterknoten, intraoperative Strahlentherapie.[110] In der modernen Krebstherapie gehört die Epigenetik zu den neuen, heilversprechenden Ansätzen. Die Entschlüsselung des menschlichen Genoms im Jahr 2003, der Datensatz aller vorhandenen Erbinformationen, legte den Grundstein. Ein Forscherteam des 1990 gegründeten, internationalen Humangenomprojektes hatte die Kartierung des Bauplans, den wir in uns tragen, mit seinen rund 3 Milliarden Buchstaben beendet.[111] »Epigenetische Kodierungen steuern die Genaktivität auf zell- und gewebespezifischer Ebene und sorgen in weiten Teilen des Genoms dafür, dass große Genomabschnitte stummgeschaltet werden.«[112] Aus dem Epigenom, das die chemischen Veränderungen der DNA aufzeichnet, lässt sich ablesen, wie die Erbinformationen verpackt und welche Zellen aktiv sind. Das ermöglicht eine genaue Charakterisierung des Tumors. Die Epigenetik beeinflusst die Aktivität der Tumorgene. Sie ist das Stoppschild für Krebszellen, die im Gegensatz zur normalen Zellteilung sich fortpflanzen, ohne vom Körper dafür das Signal bzw. die Erlaubnis erhalten zu haben.[113] Keine Krebszelle begeht freiwillig Selbstmord. Die epigenetische Therapie zwingt Krebszellen dazu, sich selber abzuschalten und nicht weiter zu wuchern[114]. Mediziner klassifizieren die Signaturen, die jeder Tumor hinterlässt. Der Therapieansatz zielt auf das Rückgängigmachen von epigenetischen Veränderungen. Erste Medikamente befinden sich noch in klinischen

Tests. Über Zulassung und Marktreife kann man sich u.a. auf der Internetseite »Gemeinsamer Bundesausschuss«[115] informieren.

Die Behandlung wird zum Hüter der Zeit. Auf sie kommt es an, wie die nächste Spanne des Lebens verläuft. Für Angelika und mich war die qualitative Zeit unser größtes Problem. Wir wurden in einer medizinischen Entwicklungsphase mit der Diagnose konfrontiert, als es noch keine Infrarot-Mamma-Screenings, Blutbiopsien (liquid biopsy) oder individuelle Antikörpertherapien gab. Mammografie, Gewebeentnahme und Chemotherapie waren wie in Stein gemeißelt. Daran führte kaum ein Weg vorbei. Genbasierte Diagnostik und eine stratifizierte Pharmakotherapie, die zu den molekularen Krankheitscharakteristika und der individuellen Enzymausstattung des Patienten passt, sollten erst Jahre später folgen. Ebenso die zunehmende fachmedizinische Hinterfragung der diagnostischen Qualität und Zuverlässigkeit des Mammografie-Screenings. Heute liegt das Thermografie Screening [116] im radiologischen Trend. Es wird als eine sehr effektive Methode zur Brustkrebserkennung angeboten. Sie erspart den Patientinnen die schädliche ionisierende Strahlung einer Mammografie. Die Infrarot-Thermografie liefert wertvolle diagnostische Befunde und zeigt früher als herkömmliche Screenings Anomalien bereits im Frühstadium auf. Jedoch gibt es auch warnende Stimmen vor zu viel Optimismus. Ein völliger Verzicht auf die Mammografie könnte die Patientensicherheit gefährden.

Die stratifizierte Therapie[117] basiert auf der Genanalyse. Ausgehend von dem Gedanken, dass Ärzte keine Krankheit behandeln, sondern einen Patienten, will die Pharmakotherapie die Behandlung individualisieren. Eines der führenden Institute auf diesem Gebiet ist das Deutsche Krebsforschungszentrum in Heidelberg, das damit begonnen hat, bei einer zunehmenden Zahl von Krebspatienten das komplette Erbgut der Krebszellen zu lesen. Prof. Dr. Otmar D. Wiestler, Vorstandsvorsitzender des Zentrums: »Es werden alle 30.000 Gene analysiert, um eine umfassende Übersicht zu bekommen, welche Veränderungen im Erbgut bei diesen speziellen Patienten an der Entstehung der Krankheit beteiligt sind. Damit haben wir eine Handhabe, um zu fragen: Gibt es bei den bereits verfügbaren oder gerade in der Entwicklung befindlichen Medikamenten solche, die genau diese Veränderungen angehen, die wir bei dem Patienten gefunden haben? Wir möchten diese beiden Gebiete ganz konsequent zusammenbringen: Krebsgenom-Untersuchungen bei jedem Patienten und dann maßgeschneiderte Therapie, wann immer sie verfügbar ist.«[118] Als neuere Verfahren sich bei Angelika anboten, war es leider schon zu spät. Der Tumor hatte gestreut und Sekundärtumore gebildet.

Als Partner ist man einer der wichtigsten »Ratgeber« der Patientin. Ideologisch geprägte oder emotionale Entscheidungen, die von Ängsten oder Feindbildern auch seitens der Medien und diversen Internetforen geschürt werden, schränken möglicherweise die Inanspruchnahme einer chancenreichen Behandlung ein. Sich seines eigenen Verstandes zu bedienen, bedeutet auch, sich eine Meinung auf der Grundlage von Fakten, Statistiken und Wissenschaftsreports zu bilden. Wenn eine Patientin, wie meine Frau, sich intuitiv für das entscheidet, von dem sie meint, dass es für sie passender sei, muss ich das akzeptieren. Ein »Aber« sollte man als Partner dennoch einbringen, wenn man von einer besseren der guten Möglichkeiten überzeugt ist und diese sachlich begründen kann.

Schonende Verfahren in der Krebstherapie

Die Medizin bietet interessante Alternativen bei Diagnostik, Pathologie und Therapie. Heute steht die Chemo weiter hinten in der Therapiekette. Auch mit der Entnahme von Proben verfährt die Medizin zurückhaltender. Viele Fachärzte empfehlen erst einmal die Beobachtung des Tumors. Der genetischen Antikörpertherapie gehört aus meiner Sicht die Zukunft. Denn der Wissenschaft ist es gelungen, das Undercover-Verhalten der Tumorzellen zu dechiffrieren. Die mutierten Zellen verstecken sich vor der Immunpolizei. Der Tumor ist da recht trickreich. Er schützt sich vor den zerstörerischen Angriffen, indem er ein bestimmtes Protein als Schutzschicht absondert und auf diese Weise das Immunsystem überlistet. Die »Design-Therapie« geht gezielt auf die Tumorzellen, lokalisiert und zerstört sie. Im Gegensatz zu den in der Chemotherapie verwendeten Zellgiften, den Zytostatika, schont sie weitgehend die gesunden Zellen. Die Chemotherapie ist radikaler. Sie greift auch gesunde Zellen mit einem ähnlichen Teilungsverhalten wie das der Tumorzellen an. Die Behandlungsmethode von Brustkrebs mit »Designer-Antikörpern« blockiert die Vermehrung der Krebszellen und entreißt ihnen die Tarnkappe. Die Immunonkologie gehört zu den intensivsten Forschungsbereichen im milliardenschweren Pharma-Geschäftsfeld der Onkologie. Personalisierte Therapien auf Grundlage von Daten, Genen und molekularen Strukturen ermöglichen neue, hoffnungsvolle Behandlungen, mit weniger Nebenwirkungen und besseren Erfolgsaussichten.

Als ich einen aktuellen Fachartikel über Brustkrebs lese, atme ich auf und bin zugleich sehr betroffen. Ich fühle meine Frau in ihrer damaligen Entscheidung rehabilitiert. »Wir müssen neu definieren, was Brustkrebs überhaupt ist.«[119] Gleich bei der Einleitung stutze ich: »Ärzte fahren die Therapien gegen

Brustkrebs zurück. Die bisherigen Methoden sind offenbar zu heftig. Einigen Patientinnen wird sogar dazu geraten, den Tumor in Ruhe zu lassen und nur zu beobachten.«[120]

Mit den heutigen Standards könne man 80 Prozent der Frauen heilen, das Problem sei aber, wie bereits angeführt, dass der Tumor metastasiert und wiederkommt. Der Brustkrebsspezialist Emiel Rutgers aus Amsterdam: »Wir behandeln die Frauen zu harsch. Und viele Mediziner denken immer noch, viel Chemotherapie, viel Bestrahlung, viele Operationen – das hilft. Aber die wichtigste Botschaft der letzten Jahre ist: Je schonender wir behandeln, desto besser ist das.« Das Schonende bezieht sich auf die vorläufige Vermeidung der harten Anwendungen Chemo und Bestrahlung. In der Therapiekette bleibt sie die letzte Option, falls alle anderen Behandlungen nicht greifen.[121]

Als meine Frau 2005 den schonenden Therapieweg einschlagen wollte, musste sie sich gegen die Front der vorherrschenden, medizinischen Standards und Meinungen durchsetzen. Wenn ich heute, zwölf Jahre später, solche Statements von Fachleuten lese, macht mich das auf eine Art traurig. Diese medizinischen Therapiereflexionen wären meiner Frau seinerzeit sehr entgegengekommen. Und die neuen, schonenden Diagnose- und Behandlungsmöglichkeiten erst recht. Doch die waren damals noch Zukunftsmusik.

Genexpressionstests – Chemo auf dem Prüfstand

Mit molekularbiologischen Tests lassen sich die Eigenschaften des Tumors exakt bestimmen. Diese sogenannten Genexpressionstests geben Aufschluss, ob eine Brustkrebspatientin überhaupt eine Chemotherapie benötigt und wie ihre maßgeschneiderte Therapie aussehen muss. Genexpressionstests sind Teil der stratifizierten Medizin. Allerdings werden sie in Deutschland von den Krankenkassen nicht regulär angeboten,[122] während sie in anderen Ländern zur Standarddiagnostik gehören. Eine Expertenrunde hatte im Jahr 2013 von einer Kostenübernahme abgeraten. Außerdem will die Organkommission Mamma der Arbeitsgemeinschaft Gynäkologische Onkologie (AGO) einen routinemäßigen Einsatz von Genexpressionstexts noch nicht empfehlen.[123] Manche Kassen bewilligen den Antrag auf Kostenübernahme. Allerdings ist es ein Kampf gegen die Bürokratie und vielleicht auch gegen Lobbyinteressen. Am Testverfahren wurde über 15 Jahre lang geforscht. »Erste Ergebnisse der größten deutschen Brustkrebsstudie ADAPT der Westdeutschen Studiengruppe (WSG) zeigen, dass mit dem Genexpressionstest Oncotype DX einem Großteil der Patientinnen die Chemotherapie und deren harte Folgen erspart bleiben können. Der Test wurde entwickelt, um beantworten zu können, ob Patientinnen mit Östrogenrezeptor-positivem, HER2-negativen Brustkrebs zusätzlich zur Hormontherapie eine Chemotherapie benötigen oder darauf verzichten können, ohne dass sich ihre Prognose verschlechtert. Gleichzeitig bestimmt der Test das 10-Jahres-Rückfallrisiko.«[124] In 2016 gab es dann endlich für Kassenpatientinnen eine erfreuliche, administrative Entwicklung. In der Ambulanten Spezialfachärztlichen Versorgung (ASV) können sie jetzt auch mit dem verfügbaren molekular-pathologischen Genexpressionstest zur Therapieentscheidung versorgt werden. Die kassenärztlichen Abrechnungsmöglichkeiten beziehen sich allerdings momentan auf einen eingeschränkten Kreis an Verfahren.[125] Die zugelassenen Tests heißen Mammaprint, Oncotype, Endopredict und Prosigna. Schonendere Möglichkeiten bietet auch die Diagnostik. Ein deutscher Biotech-Konzern hat eine Flüssigbiopsie entwickelt, mit der sich molekulare Hinweise auf Tumore im Blut nachweisen lassen. Das kann riskante Gewebeproben teilweise ersetzen.

Wissen gibt Sicherheit. Ich kann es nur jedem Partner oder Angehörigen ans Herz legen, sich so weit wie möglich schlau zu machen. Das präzisiert die Recherche im Internet. Allein die Schlagwortsuche »Krebstherapien« und »moderne Krebstherapien« generiert Hundertausende von Treffern. Mit eingegrenzten Begriffen lassen sich Hits schneller und gezielter generieren. Der Suchbegriff »stratifizierte Therapie« spuckt bereits auf den ersten zwei Index-Seiten die wichtigsten Ergebnisse aus. Das erleichtert und beschleunigt die Suche.

Ich bin überzeugt, dass fundiertes Wissen über die Physiologie der Krankheit und die in Frage kommenden Therapiemöglichkeiten mehr als hilfreich sind, um sich auf die Situation, die Befindlichkeiten als auch die Bedürfnisse des Patienten einzustellen. Ob es Fragen der Ernährung betrifft, die Unterstützung des Stoffwechsels und Immunsystems oder die zu erwartenden Nebenwirkungen. Angelika hatte zwar den Tumor, in die Therapie aber war die ganze Familie eingebunden. Die Medikationen allein reichen nicht. Es ist viel emotionaler Beistand, Trost, Ermunterung und Ermutigung nötig. Die Rolle der Familie ist von »strategischer« Bedeutung für die psychische Stabilität, den Krankheitsverlauf und Behandlungserfolg. Denn die Therapie wirkt sich auf das seelische Empfinden und die Persönlichkeit des Menschen aus. Angelikas Gefühls- und Seelenleben war stark in Mitleidenschaft gezogen. Krebspatienten können unbequem und auf ihre Art sehr anspruchsvoll sein. Diese Wechsel aus Kälte- und Hitzewellen, dieser ewig trockene Mund während der Chemo, die Müdigkeit, Langsamkeit und Anfälligkeit, die psychische, aber auch motorische Instabilität und das Angewiesen-Sein auf Hilfe in den sehr kritischen Phasen, die Verletzlichkeit wegen der ausgefallenen Haare und des Verlustes der Brust – das treibt den Belastungslevel des Familienteams schnell mal bis zum Anschlag. Und bei Stress setzten schon einmal gewisse Fluchtmechanismen ein. Wie oft war ich froh, dass ich in die Arbeit »flüchten« konnte. Raus aus der zerstörerischen Atmosphäre, die der Tumor schafft. Man muss sich dann die Zusammenhänge immer wieder ins Bewusstsein rufen. Dass hier ein Mensch total dominiert wird. Eingeschränkt in seiner Empfindungsfähigkeit und Selbstständigkeit. Zusätzlich gequält von einer Behandlung, die ihn eigentlich heilen soll. Ich hoffe wirklich auf den baldigen Durchbruch der genetischen Medizin und ihre Eroberung des Therapiemarktes. Die Züchtung von Herzmuskelgewebe und Organen aus dem Labor belegen, wozu die moderne Medizin heute fähig ist.

Viel Humbug: alternative Medizin

Sind Alternativen wirklich Alternativen? Wir hatten viel Geld, Zuversicht und Vertrauen in die Behandlung mit »alternativen Krebsspezialisten« gesteckt. Allerdings sollte man sehr sorgfältig die Spreu vom Weizen trennen und sich sehr gründlich über die Effektivität, die Erfolgschancen und den Stellenwert der Behandlung im onkologischen Kontext informieren. Die Komplementärmedizin als eine Form der Naturheilkunde ist ein weites Feld. Sie bietet verschiedene Ansätze und wird in Ergänzung zur Schulmedizin eingesetzt. Die alternative Medizin als ausschließliche Diagnose- und Therapieform zu positionieren und die klassische Schulmedizin als verzichtbar in der Behandlung von cancerogenen Erkrankungen zu erachten, halte ich für problematisch. Laut Information der Bayerischen Krebsgesellschaft nutzen 70 bis 90 Prozent der Brustkrebspatientinnen komplementäre oder und alternative Medizin.[126] Entweder in Absprache mit ihrem Onkologen oder in eigener Entscheidung. Evaluierte Zahlen zu Erfolgen in der Tumortherapie mit alternativen Maßnahmen sind über die

Suchmaschinen nicht zu ermitteln. Ich habe ein ambivalentes Verhältnis zur alternativen Therapie entwickelt. Der Begriff assoziiert ein Besser- oder Erfolgreicher-Sein. Doch wie effizient Hyperthermie, Vitamin C-Anwendungen, Mistel- oder Pflanzentherapie sind, steht nicht in irgendwelchen Statistiken, sondern in den Sternen. Tumorgene mit Ernährung und Aktivierung der Selbstheilungskräfte abschalten zu wollen, wie es ein einstiger Fitnessguru und Mediziner in seinem neuesten Buch verkaufen will, mag zwar einen Nerv treffen, doch löst das bei mir Unverständnis aus. Sollte die medizinische Forschung so sehr danebenliegen, dass sie die wahren Ursachen für Krebs, Vorbeugung und Behandlung noch nicht erkannt hat? Muss also erst ein Bestsellerautor allen die Augen öffnen? Selbstverständlich ohne jegliche Fallzahlen und Evidenzbeweise vorzulegen. Allein der Markenname legitimiert die Behauptungen. Aufschlussreich ist der Beitrag im Ärzteblatt »Patientensicherheit – Fatale Beratung bei Brustkrebs«.[127] Für mich sind heute Zahlen, Reports und Fachbeiträge aus den unterschiedlichsten Quellen und Portalen maßgebend, um eine möglichst objektive Einschätzung vornehmen zu können. Man sollte mit der Partnerin alle Optionen sachgemäß erörtern, die Vor- und Nachteile sowie die eigene »Risikobereitschaft« und Grenzen definieren. So lässt sich Vertrauen und eine positive Grundhaltung aufbauen. Ich fand meine Position häufig suboptimal, weil ich zweifelte. Und ich zweifelte, weil ich Angst hatte. Und ich hatte Angst, weil es mir an Vertrauen fehlte. Aus Mangel an Übersicht und hinreichendem Wissen.

»Komm, lass uns im Allgäuer Brustkrebszentrum vorstellig werden. Die haben viel Erfahrung und besprechen in einer Fachkonferenz jeden Fall individuell.« Mit dieser Ansage konnte ich Angelika davon überzeugen, uns eine zusätzliche Expertenmeinung zur Therapie einzuholen. Wir brauchten einen neuen Impuls, denn die Behandlung bei der niedergelassenen Onkologin stagnierte. Angelika war zu ihr gewechselt, weil sie interdisziplinär arbeitete, also alternativ- und schuldmedizinisch. Was mich etwas stutzig machte, war der weitgehende Verzicht auf bildgebende Untersuchungen und labormedizinische Kontrollen der aufgesetzten Therapie. Kein Einzelfall in der alternativen Behandlungsszene. Für kurze Zeit gerieten wir auch an einen sogenannten Spezialisten für biologische Krebstherapie, dessen Behandlung aus Infusionen, Lichttherapie und sonstigem Firlefanz bestand. Wir ergriffen die Flucht. Dafür war die Zeit zu kostbar, als dass wir sie unnötig und für horrende Honorare aufs Spiel setzten. Überhaupt der Faktor Geld. Viele der Behandlungen in der alternativen Medizinszene werden von der Kasse nicht übernommen. Da kommen schnell Tausende von Euro zusammen. Ich weiß nicht, was diese medizinischen Dienstleister reitet. Solche Therapien sind zum Teil unverantwortlich. Sie profitieren von der seelischen Not der Patientinnen, die um ihr Leben und den Erhalt ihre Brüste kämpfen. Sie haben mehr Vertrauen in schonende Behandlungen und messen ihnen größere Heilungschancen zu. Doch häufig hat man es nicht mit Alternativanbietern zu tun, sondern mit Gaunern. Es gibt durchaus kompetente Homöopathen und Heilpraktiker, die ihre Grenzen kennen und auf eine klinische Behandlung drängen oder nur in enger Absprache mit dem Facharzt zu einer ergänzenden Behandlung bereit sind. Auch das haben wir erlebt. Ich erkläre die Schulmedizin nicht zum Nonplusultra. Doch warum nicht ihre große Erfahrung, Expertise und ihre Nähe zur Forschung nutzen?

Krebstherapien haben einen »Kann-Faktor«. Sie können gut und nachhaltig anschlagen. Sie können aber auch die Situation verschlimmern. Was bei dem einen mit ähnlicher Konstitution und Voraussetzungen und derselben Therapie zum Erfolg führt, das muss bei einem anderen Patienten nicht genauso ausgehen.

Die Hinterlist und Willkür der Zellen lassen sich leider nicht mathematisch genau berechnen und analysieren. Sie sind, wie an anderer Stelle formuliert, ein bisschen durchgeknallt. Insofern ist es immer auch eine »offene Angelegenheit«. Doch gibt es immer eine bessere der guten Möglichkeiten, auf die man durch Gespräche und Einarbeitung in die Physiologie der Krankheit und Therapieangebote stößt.

Also »sapere aude«, habe Mut! Mach dich schlau und sorge für die bestmögliche Therapie.

Erkenntnisse der modernen Trauerforschung

»Trauere bloß nicht zu lange!«

Das komplexe Gefühl der Trauer erfährt erst wieder in jüngerer Zeit verstärkte wissenschaftliche Aufmerksamkeit. Hirnforscher und Psychologen haben damit begonnen, ihre Anatomie näher zu ergründen und »ihre Mechanismen zu verstehen«[128].

Physiologisch unterscheidet sich die Trauer von anderen Gefühlen. Ihre Handhabung ist nicht ganz einfach. Es gibt keine Medikamente und keine Therapie. Eine Selbstregulierung, wie sie für überfallartige Emotionen erlernt werden kann, klappt bei der Trauer weniger. Ihr fehlt diese Qualität von Handlungsimpulsivität, wie sie bei Zorn oder Wut vorkommt. Diese Emotionen wollen sich sofort entladen. Sie werden auch von einem anderen Hirnbereich als das Trauergefühl initiiert, dem Mandelkern im limbischen Gehirn. Menschen, die zu Gefühlsausbrüchen neigen, können mit etwas Übung, gutem Willen und Verhaltenstraining lernen, Zorn- und Wutentladungen unter Kontrolle zu bringen. Die emotionale Qualität der Trauer ist passiver, zurückhaltender und andächtiger. Sie ist im basalen Vorderhirn verortet, im Nucleus Accumbens, das besonders starke Signale abgibt und zum Belohnungssystem des Gehirns gehört.

Die moderne Psychologie und Trauerforschung hat sich weitgehend von einem Phasenmodell verabschiedet. Heute geht sie von zwei Polen aus, zwischen denen Trauernde sich hin und her bewegen. Tod und Verlust bilden den einen, Gegenwart und Zukunft den anderen.[129] Wie jemand den Verlust bewältigt, das hängt auch von seiner Persönlichkeit ab. Mittlerweile gibt es unter Wissenschaftlern in den USA einen regelrechten Richtungsstreit[130] darüber, wie lange eine Trauerphase angemessen ist und was normale Trauer von einer krankhaften Depression unterscheidet. Nach zwei Wochen dürfte man nach Meinung gewisser Psychiater eigentlich nicht mehr neben der Spur laufen. Andere bestreiten das. Trauer sei keinesfalls krankhaft, sondern eine normale Reaktion. Sie ist die Kehrseite der Bindung, wie die Spezialistin für Psychosomatik Anette Kersting vom Universitätsklinikum Leipzig meint.[131] Die Zeitdiskussion kommt nicht von ungefähr. Sie passt in die Beschleunigungsmechanismen von Medizin und Gesellschaft. Ambulante Operationen, kurze stationäre Aufenthalte, schnelle Mobilisation, Vorsorge-Programme der Krankenkassen – »damit du erst gar nicht krank wirst« – drängen auf Fast Healing. Flankiert von einer Arbeits- und Leistungsethik, die alles hat, bloß keine Zeit. Die Verlustforscherin Kathrin Boerner von der University of Massachusetts in Boston sagt, dass Trauer keine klar abgrenzbare Phase sei, die man überwinde, sie habe kein eindeutiges Ende.[132] Als komplexes Gefühl schlägt die Trauer in kompakter Begleitung auf: Wut, Verzweiflung, Schuldgefühle, Verbitterung oder Angst vor dem Alleinsein. »Häufig kommen Trauernde zu mir, weil sie Angst haben, verrückt zu werden (…) Dahinter steckt oft nicht nur das eigene Gefühlschaos, sondern auch eine seltsame Vorstellung von Trauer in der Gesellschaft.«[133]

Trauer ist keine Krankheit. Sie kann, sofern sie nicht bearbeitet und integriert wird, eine Sekundärsymptomatik verursachen – psychische und körperliche Probleme. Mancher Hinterbliebene stirbt an einem gebrochenen Herzen, weil er den Verlust nicht verkraftet. Sollte sich durchsetzen, was amerikanische Wissenschaftler als neue zeitliche und diagnostische Standards etablieren wollen, gerät jeder Trauernde, der nach zwei Wochen immer noch in der emotionalen Krise steckt, in den diagnostischen Möglichkeitsbereich der Depression. Völlig anders denken Kulturen darüber, die Tod und Trauer noch als integrativen Bestandteil ihrer Gesellschaft und Gemeinschaft behandeln: »In vielen Kulturen sagt man von jemandem, der gerade einen lieben Menschen verloren hat, er befinde sich in einer Art Zwischenwelt zwischen Leben und Tod. Dort ist er von allen Pflichten und Konventionen entbunden und darf sich mit gutem Gewissen seinem Schmerz überlassen. Erst nach dem Durchleben dieser heiligen Zeit kehrt er zu seinen Pflichten in der Gemeinschaft zurück (…) Er ist im wahrsten Sinn des Wortes wiedergeboren und seine Rolle und Identität sind in ein neues Licht getaucht.«[134]

Machen wir uns noch einmal klar, was Kern, Ziel und Chance der Trauerarbeit ist. Es geht in ihr um die emotionale und kognitive Lösung von einem Menschen, mit dem ich in Liebe verbunden war. Einer Partnerin, die meine seelische und persönliche Entwicklung über Jahre begleitet und auch ein Stück weit geprägt hat. Ohne sie muss ich nun meine Lebensreise weiter fortsetzen. Ich muss mein emotionales Feld aufräumen, um neu und anders planen zu können. Ohne Schuldgefühle, mit Elan und auch Freude. Momentan kann ich mir nur kürzere Etappen vornehmen. Auch braucht es Übung im Handling beider Pole – der Trauer und der Lebens- und Zukunftsgestaltung. Die Hinwendung zum Leben und zu den Prinzipien der Freude jedenfalls regen den Nucelus Accumbens zur Ausschüttung des Glückshormons Dopamin an. So dicht also liegen Trauer und Glücksgefühl beieinander, dass sie förmlich eine hirnphysiologische Einheit bilden.

Trauer kennt keine Standards

Wer im Berufsleben steht, von dem wird relativ zeitnah wieder der gewohnte Level an Produktivität erwartet. Das erfordert eine emotionale und körperliche Höchstleistung. Schmerz, Gedanken und Erinnerungen poppen manchmal sehr ungelegen auf. In einem Meeting, einer Kundenbesprechung, auf einer Geschäftsreise oder in Arbeitsabläufen. Es ist gut, wenn man auf solche Situationen gefasst ist und weiß, wie man dann den Ausschalter drückt. Überlächeln und Unterdrücken, was einen tief im Inneren quält, kann die klügere Lösung sein. Denn Anzeichen einer möglichen Schwäche, aus welcher emotionalen Quelle auch immer, sind in einer erfolgsgeprägten Arbeitswelt der Stimulus, der manchem Sozialpartner als Legitimation für Angriff und Mobbing genügt. Es ist ratsam, sich eine Strategie des individuellen Gefühlsmanagements zurechtzulegen.

Trauer hat das Potenzial für emotionale Krisenszenarien, die sich nicht am Reißbrett lösen lassen. Hier wirken seelische Prinzipien, die den Menschen auf sich selbst zurückwerfen und ihn einladen, etwas Heilsames für seine eigene Person zu tun. Ignorieren und Abspalten dieser Emotionen kann im psychophysischen Organisationssystem zu Störungen führen.

Die Brisanz an der Trauer ist, dass sie auf absonderliche Weise einen Widerspruch zur gesellschaftlichen Übereinkunft der Leistungsdogmatik darstellt. Sie ruft den tätigen Menschen zur Hingabe an einen Rohstoff, der sich produktiv nicht verwerten lässt und keinen relevanten Ertrag bringt. Hier nun auf eine Gesellschaftskritik abheben zu wollen, ist wenig sinnvoll. Das würde in die Kerbe einer sozialen Utopie schlagen, die aber der schöne Schein einer kaschierten Realpolitik ist, die nichts ändern wird, will und kann. Weil sie selbst ein Teil eines verselbständigten und ökonomisch bestimmten Systems ist. »Jedes System entwickelt aufgrund seiner inneren Logik und Dynamik einen eigenen Willen.«[135] Doch den Widerspruch, den die Seele in Zeiten der Trauer gegen das aktionistische Prinzip erhebt, signalisiert, dass Leistung nicht alles ist. Indem sie den Betroffenen auffordert, komm trauere, trauere mit mir um unseren Verlust, ist es ein Tribut an die Architektur unseres Innenlebens.

Es gibt keine Standards bei Schmerz- und Trauermustern. Der eine erlebt sie intensiver, der andere kommt relativ schnell über alles hinweg. Das hat nichts mit Gefühlskälte zu tun oder sagt etwas über die Beziehung aus, die zwischen den Partnern bestand. »Man ist ein psychischer Ablauf, den man nicht beherrscht«, heißt es bei C. G. Jung. Ich kann es nur bestätigen. Alles, was man als Trauernder macht, sollte sehr bewusst, aufmerksam und hingebungsvoll geschehen. Im Wissen, dass es jetzt so stimmig, aber nicht das einzig Mögliche ist. Im Bett liegen, sich von der Welt zurückziehen und weinen, sich gehen lassen. Ungepflegt und ungewaschen in der Wohnung herumlaufen. Das ist alles in Ordnung. Zulassen, sich gestatten, nicht bewerten.

Die aktive Energie der Seele ist latent immer da. Nur braucht sie in manchen Situationen etwas Unterstützung von außen, damit sie ihre positive Kraft entfalten kann. Hier helfen körperliche Tätigkeiten. Sie setzen Schwingungsenergien frei, die unter dem schweren Mantel des Bedrückt-Seins solche Impulse aufgreifen und ähnlich einem Pacemaker funktionieren. Der Schmerz wird irgendwann weniger bzw. werden die Abstände zwischen den Attacken länger, weil sich die Seele langsam erholt. Wichtig ist es, und das kostet etwas Anstrengung, eine Willensentscheidung zu treffen. »Ich stehe das durch. Ich erlebe das mit allen Sinnen.« Dieses Mantra muss ich für mich immer wieder sprechen. Damit gebe ich mir gleichsam einen inneren Ruck. Gegen die Resignation. Es ist ein Ebbe-Flut-Zustand. Mal weniger Trauer und Schmerz, mal überrollt es einen. Doch, du gehst nicht unter – wenn du das nicht willst. Unser System ist homöostatisch organisiert – die Herstellung des Gleichgewichts im Organismus wie im Säure-Basen-Haushalt, die Blutdruckregulation, der Energiehaushalt, die Regulation des Blutzuckerspiegels, die Regulierung des seelischen Gleichgewichts. Der Kopf hilft uns in den Phasen, wo es ums

Aushalten geht. Indem wir entschlossen annehmen, wie es ist. Widerstand verstärkt die Energie. Durch das Annehmen wird sie nachgiebiger. Wie das Akzeptieren genau geht, kann ich nicht sagen. Primär mache ich es über die Sprache: »Ich nehme es an, ich lasse es zu. Es ist jetzt Teil meines Lebens.« Immer wieder, bis es im Unterbewusstsein angekommen ist.

Die Trauergruppe

Manchmal geht es nicht ohne Unterstützung von außen. Die Trauergruppe kann helfen. Hier treffen sich Hinterbliebene zum Austausch und gemeinsamen Verarbeiten. Das Kollektive hat oftmals einen dynamischeren Effekt, als wenn man alles alleine versucht. Trauergruppen und Trauercafés gibt es z.B. auf der Palliativstation. Informationen liefert Google. In sozialen Netzwerken sind sehr gute Blogs und Foren zu finden mit einem sehr feinen Community-Spirit. Wie kann ich meine Trauer leben, wie darf ich sie zeigen, Umgang mit Reaktionen von Mitmenschen, wo finde ich Hilfe und Trost, was kann mich persönlich trösten. Auch die Landeskirchen bieten sehr gute Informationen zur Trauerbegleitung an.[136] Ich konnte mich weniger auf eine Trauergruppe einlassen, ich brauchte eine andere Gruppenerfahrung, die einen Kontrapunkt zu dieser Energie bildete, mit der ich seit langer Zeit in Kontakt war.

Wer oder was trocknet unsere Tränen, heilt unsere Gefühle, wenn wir keinen Trost in der Seelsorge oder im Glauben finden können? Eine Therapie ist eine der Möglichkeiten.

Es ist legitim, professionelle Hilfe zu suchen, wenn man das Gefühl hat, mit dem Schmerz und der Situation überhaupt nicht klarzukommen. In einem Erstgespräch kann man mit dem Therapeuten klären, wie er die Situation einschätzt und wie viele Stunden er für sinnvoll erachtet. Die Krankenkassen übernehmen gewisse Leistungen, sofern der Psychologe bzw. Psychotherapeut eine Kassenzulassung hat. Eine Liste mit entsprechenden Therapeuten kann man über die Hausarztpraxis oder die Krankenkasse beziehen. Auch im Internet[137] sind Informationen verfügbar. Manchmal ist es einfach besser, sich für die Aufarbeitung von Trauma- und Trauererlebnissen in die Hände von Spezialisten zu begeben.

Ich hatte ein paar Stunden für mich in Anspruch genommen. Ich brauchte einen kompetenten Gesprächspartner, der mir das Gefühl vermittelt: »Ich bin für dich da und begleite dich durch diese Krise.«

Das war gut und in gewisser Weise auch heilsam. Auch wenn die Wunde über den Verlust der Liebe meines Lebens sich wohl nie so richtig schließen wird. Tröstlich in diesen Momenten sind die Erinnerungen an die gemeinsame Lebensreise.

Weiterführende Informationen

Bayerische Krebsgesellschaft
www.bayerische-krebsgesellschaft.de

Bundesverband Deutscher Pathologen e.V.
www.pathologie.de

Deutsches Krebsforschungszentrum Heidelberg
https://www.dkfz.de/de/index.html

Gemeinsamer Bundesausschuss
www.g-ba.de

Gesundheitsstadt Berlin
www.gesundheitsstadt-berlin.de/

Statistisches Bundesamt
www.destatis.de

Therapie anhaltender Trauer
www.trauer-therapie.de

Trauernetz, Ein Angebot der evangelischen Kirche
http://www.trauernetz.de

Womans Healthcare Study Group (WSG) Brustkrebsstudie ADAPT
www.wsg-online.com/cms/default.aspx?ID=387&LID=1557&CID=4

Zentrum für Biosicherheit und Nachhaltigkeit
www.bats.ch

Quellennachweise

1. Vgl. Ebert, Vince: Unberechenbar, Warum das Leben zu komplex ist, um es perfekt zu planen. Seite 77, Hamburg: Rowohlt 2016
2. Zorn, Fritz: Mars, München: Fischer Taschenbuch, 1977
3. Robert Koch-Institut: Krebsbericht 2015, in: www.tagesspiegel.de, 29.11.2016
4. Die Entwicklung neuer Krebsmedikamente, www.krebsgesellschaft.de
5. Die Bibel, Neues Testament: 1. Korinther 15
6. Deutsches Ärzteblatt: Brustkrebs – Sterberate des DCIS trotz Therapie erhöht, 21. August 2015; www.aerzteblatt.de/nachrichten/63877/Brustkrebs-Sterberate-des-DCIS-trotz-Therapie-erhoeht
7. Zentrum für Krebsregisterdaten: Fast jeder Zweite bekommt Krebs. Die sieben häufigsten Krebsarten und ihre Überlebensraten, 29.03.2016, in: www.t-online.de
8. statista: Statistiken zum Thema Krebs, https://de.statista.com/themen/126/krebs/
9. www.zentrum-der-gesundheit.de/krebs-statistiken-ia.html
10. Morgenstern, Christian: Der Mensch, in: ZEIT ONLINE, 29.1.2015: http://www.zeit.de/2015/03/gedicht-matthias-claudius-der-mensch
11. Dethlefsen, Thorwald; Dahlke, Rüdiger: Krankheit als Weg, München: Goldmann 1983
12. Kobell von, Franz, Wilhelm, Kurt: Der Brandner Kasper und das ewig' Leben, 2. überarbeitete Auflage, Rosenheim: Rosenheimer Verlagshaus 2003
13. Fischer, Ernst Peter: Die Verzauberung der Welt. Eine

andere Geschichte der Naturwissenschaften, S. 271. München: Siedler, Verlagsgruppe Random House 2014
14 Vgl. Ebert, Vince: a.a.O., S. 176f.
15 Die Bibel: Psalm 50,15
16 Zahrnt, Heinz: Die Sache mit Gott. Protestantische Theologie im 20. Jahrhundert, München: Piper 2002
17 Schopenhauer, Arthur: Die Welt als Wille und Vorstellung, Köln: Anaconda Verlag 2009
18 Vgl. Die verborgenen Risiken von Krebstherapien, www.nexus-magazin.de 2010
19 „Surgery Triggers Outgrowth of Latent Distant Disease in Breast Cancer: An Inconvenient Truth?" http://www.mdpi.com/journal/cancers
20 Heinemann, Pia: Der sanfte Kampf gegen Krebs – ohne zerstörende Chemo, 21.9.2016. in: https://www.welt.de/gesundheit/article158205044/Der-sanfte-Kampf-gegen-Krebs-ohne-zerstoerende-Chemo.html
21 http://www.t-online.de/gesundheit/krankheiten-symptome/krebs/id_76863598/krebs-statistik-haufige-krebsarten-und-ihre-heilungschancen.html auswerten
22 Vgl. Ebert, Vince: a.a.O., S. 174
23 www.euro.who.int, Health topics, Cancer, Data & statistics
24 Südwestrundfunk (SWR 2): Plötzlicher Tod im Sport, https://www.swr.de/swr2/wissen/ploetzlicher-tod-im-sport/-/id=661224/did=11143638/nid=661224/1i32k3/index.html
25 Ebert, Vince: a.a.O., S. 77
26 Hegel, Georg, F. W.: Vorlesungen über die Ästhetik, Frankfurt a.M.: Suhrkamp 1986
27 Gadamer, Hans-Georg: Wahrheit und Methode, 4. Auflage, Tübingen: J. C. Mohr Verlag 1975
28 Goethe, Johann Wolfgang: Faust I, Vers 1780

29 Skoda, Radek: Das menschliche Genom, in: Zentrum für Biosicherheit und Nachhaltigkeit, Forum 2001; www.bats.ch
30 Stockrahm, Sven: Der Datensatz des Lebens ist online, in: Zeit online, 5.9.2012, www.zeit.de/wissen/2012-09/encode-menschliches-genom
31 Borasio, Gian Domenico: Über das Sterben, S. 14/15, München: C.H. Beck 2011
32 Saint-Exupéry de, Antoine: Der Kleine Prinz. Köln: Anaconda 2015
33 Unity Church, gegründet 1989 von Charles und Myrtle Fillmore
34 Das teuerste Selfie aller Zeiten, Frau zerstört mehrere Kunstwerke, www.n-tv.de, 14.7.2017
35 Sloterdijk, Peter: Zorn und Zeit, vgl. S. 82. Frankfurt a.M.: Suhrkamp 2008
36 Die Bibel: Prediger 1, 3-11
37 Goleman, Daniel: Emotionale Intelligenz, 8. Auflage, S. 84. München: Deutscher Taschenbuch Verlag 1998
38 Goleman, Daniel: a.a.O., S. 86
39 Jopp, Klaus E.: Finden Sie Ihren Persönlichkeitscode. Freiburg: Herder 2002
40 Goethe, Johann Wolfgang: Epirrhema, in: Gedichte und Epen, Bd I. München: Deutscher Taschenbuch Verlag 1982
41 Kierkegaard, Sören, Tagebücher, Bd. I, S. 83. Simmerath: Grevenberg Verlag 2004
42 Kierkegaard, Sören: Die Krankheit zum Tode, S. 410. München: Deutscher Taschenbuch Verlag 2005
43 Rohr, Richard: a.a.O., S. 95
44 Schopenhauer, Arthur, a.a.O., II, S. 34
45 Freud, Sigmund: Gesammelte Werke, Bd. 4, Zeitgemäßes über Krieg und Tod. Altenmünster: Jazzybee Verlag 2015

46 Newton, Isaac: Mathematische Prinzipien der Naturlehre, 1687 in: Zeit, www.wikipedia.de
47 Vgl. Sloterdijk, Peter: Philosophische Temperamente, S. 64. München: Diederichs, Verlagsgruppe Random House 2009
48 Ders. S. 65.
49 Heller, Laurence; Lapierre, Aline: Entwicklungstrauma heilen, S. 21. München: Kösel 2012
50 Grün, Anselm: Kämpfen und Lieben, vgl. S. 78f., Münsterschwarzach: Vier Türme Verlag 2005
51 Coelho, Paul: Die Schriften von Accra, S. 35. Zürich: Diogenes 2013
52 Sloterdijk, Peter: Philosophische Temperamente, S. 113
53 Grün, Anselm, a.a.O., S. 124
54 Merton, Thomas: Im Einklang mit sich und der Welt, S. 74. Zürich: Diogenes Verlag, 1986
55 Forschungsgruppe Weltanschauungen in Deutschland, Pilger auf dem Jakobsweg, 1.12.2016. in: https://fowid.de/meldung/pilger-jakobsweg
56 Ein bisschen Freiheit für die Seele, 23.07.2017, www.domradio.de/themen/weltkirche/2017-07-23/derweltpilgertag-lenkt-den-blick-auf-einen-leisen-trend
57 Der Glaube der Deutschen, Stuttgarter Nachrichten, 31.10.2015, www.stuttgarter-nachrichten.de
58 Der Esoterikmarkt boomt, in: http://agwelt.de/2016-03/der-esoterik-markt-boomt/
59 Menasse, Robert: a.a.O., S. 17
60 Die Bibel: 1. Mose 1,28
61 Dahlke, Rüdiger: Die Schicksalsgesetze. München: Arkana 2009
62 Winkels, Rebecca: Wann Selbstgespräche krankhaft werden, in: welt online, 2013 https://www.welt.de/ge-

sundheit/psychologie/article112937624/Wann-Selbstgespraeche-krankhaft-werden.html
63 Mitscherlich, Alexander und Margarete: Die Unfähigkeit zu trauern, S. 9. München: Pieper 2007
64 Risikofaktor: Trauma oder schwere Belastungen, www.neurologen-und-psychiater-im-netz.org/psychiatrie-psychosomatik-psychotherapie/risikofaktoren/traumata-schwere-belastungen/
65 Wall, Kathleen; Ferguson, Gary: a.a.O., S. 15
66 Fischer, Ernst Peter: a.a.O.
67 Wohlleben, Peter: Das Geheimnis der Bäume. München: Ludwig, Random House Verlagsgruppe 2015
68 Hageneder, Fred: Der Geist der Bäume, S. 72. Saarbrücken: Neue Erde 2014
69 Wall, Kathleen; Ferguson, Gary: a.a.O., S. 13
70 Bayle bei Leibniz, Theodizee II 151, in: Flasch, Kurt: Kampfplätze der Philosophie, S. 315. Frankfurt a.M.: Vittorio Klostermann 2009
71 Flasch, Kurt: ebd.
72 Lexikon der Psychologie, http://www.spektrum.de/lexikon/psychologie/verantwortungsdiffusion/16194
73 Kant, Immanuel: Kritik der reinen Vernunft. Frankfurt a.M.: Suhrkamp Verlag, 1974
74 Yogananda, a.a.O., S. 341
75 Yogananda, a.a.O., S. 346 f.
76 Merton, Thomas, a.a.O., S. 188
77 Fischer, Ernst Peter, a.a.O., S. 151
78 Yogananada, Autobiographie eines Yogi, S. 349. Weilheim: Verlag O. W. Barth 1981
79 Wittgenstein, Ludwig: Tractatus logico-philosophicus. S. 115. Frankfurt a.M.: Suhrkamp 1976
80 Fischer, Ernst Peter, a.a.O., S. 296

81 Friedenthal, Richard: Luther, sein Leben und seine Zeit. München: Piper 1982
82 Drewermann, Eugen: Das Markusevangelium, Bilder der Erlösung, S. 13. Olten: Walter 1987
83 Thurnwald, Andrea: Fromme Männer – eine empirische Studie zum Kontext von Biographie und Religion. Stuttgart: Kohlhammer 2010
84 zukunftsInstitut: Female Shift, Die Zukunft ist weiblich, 2012 www.zukunftsinstitut.de/artikel/die-zukunft-ist-weiblich-megatrend-female-shift/
85 https://www.destatis.de/DE/ZahlenFakten/GesellschaftStaat/Soziales/Sozialleistungen/Sozialhilfe/Sozialhilfe.html
86 Datenreport 2016, Ein Sozialbericht für die Bundesrepublik Deutschland, Hrsg.: Statistisches Bundesamt, S. 43 ff.
87 Steinberger, Petra: Männliche Singles, Traurige, isolierte, einsame Gestalten, 26. August 2012, http://www.sueddeutsche.de/leben/maennliche-singles-traurige-isolierte-einsame-gestalten-1.1449349
88 Ebd.
89 Teschner, Marlene: Eine Frau ohne Mann ist wie ein Mann ohne Penis, Zeit Magazin, 12. Juni 2017. In: http://www.zeit.de/zeit-magazin/leben/2017-06/single-frau-dating-leben-gesellschaft
90 Fromm, Erich: Die Kunst des Liebens. Berlin: Ullstein 2005
91 Wie der Verlust des Partners auf das Gehirn wirkt, in: gesundheitsstadt berlin, 12.12.2015, https://www.gesundheitsstadt-berlin.de/wie-der-verlust-des-partners-auf-das-gehirn-wirkt-7744/
92 Demographischer Wandel, Einsamkeit erhöht das Sterberisiko, in gesundheitsstadt berlin, 9. August 2017,

    https://www.gesundheitsstadt-berlin.de/einsamkeit-er-hoeht-das-sterbe-risiko-11598/
93 Rohr, Richard, a.a.O., S. 9
94 A.a.O., S. 38
95 Seneca, Glück und Schicksal, S. 10. München: Reclam 2009
96 Vgl. Burke, James: Gutenbergs Irrtum und Einsteins Traum, Eine Zeitreise durch das Netzwerk des menschlichen Wissens, S. 159. München: Piper 2003
97 www.stern.de, Erfindungen: Diese 7 Erfindungen wurden durch Zufall entdeckt, 08.08.2017
98 Quelle: www.karrierebibel.de
99 Vgl. Ebert, Vince, a.a.O., S. 116 f.
100 Das Recht auf Streben nach dem Glück in der deutschen Verfassung, in: Anfi Blog juristisches Internet, http://rechtsanwalt-andreas-fischer.de/2013/11/28/ueber-das-recht-auf-streben-nach-dem-glueck-in-der-deutschen-verfassung/
101 Vgl. Glück – Die Erforschung unserer größten Sehnsucht, welt-online, 18.10.2014
    https://www.welt.de/gesundheit/psychologie/article133414925/Glueck-Die-Erforschung-unserer-groessten-Sehnsucht.html
102 Vgl. Jopp, Klaus E.: Finden Sie Ihren Persönlichkeitscode, Freiburg 2002
103 Aus dem Nachlass der achtziger Jahre, in: Werke, Bd. III, hrsg. V. Karl Schlechta, München 1966
104 http://www.spiegel.de/gesundheit/diagnose/krebs-fast-jeder-zweite-deutsche-erkrankt-im-laufe-seines-lebens-a-1068274.html
105 Beschluss des Gemeinsamen Bundesausschusses über die 8. Änderung der DMP-Anforderungen-Richtlinie

(DMP-A-RL): Ergänzung der Anlage 3 (DMP Brustkrebs) und Anlage 4 (Brustkrebs Dokumentation)
106 Ebd.
107 Robert Koch-Institut: Krebsbericht 2015;www.tagesspiegel.de 29.11.2016
108 https://www.aerztezeitung.de/medizin/krankheiten/krebs/mamma-karzinom/article/826790/brustkrebs-patientinnen-viele-wollen-komplementaere-therapien.html
109 Robert Koch-Institut, a.a.O.
110 Vgl. Neue Medikamente, individuelle Therapien: 2017 schenkt Krebspatienten neue Hoffnung, Focus Online, 4.10.2017
111 Vgl. Genom-Entschlüsselung, Wir sind fertig, spiegel online, 10.4.2003, http://www.spiegel.de/wissenschaft/mensch/genom-entschluesselung-wir-sind-fertig-a-244195.html
112 Epigenetik, Portal epigenetischer Forschung in D, A und CH, Universität des Saarlandes, epigenetics.uni-saarland.de
113 Simmank, Jakob: Krebszellen beibringen, sich selbst zu töten, www.zeit.de, 16. März 2017
114 Ebd.
115 Gemeinsamer Bundesausschuss, www.g-ba.de
116 Vgl. Thermographie bei Brustkrebs, Zentrum der Gesundheit, 03.08.2016, https://www.zentrum-der-gesundheit.de/thermographie-ia.html
117 Gendiagnostik, Stratifizierte Pharmakotherapie – was heute schon möglich ist, Deutsche Apotheker Zeitung, 23.5.2013, https://www.deutsche-apotheker-zeitung.de/daz-az/2013/daz-21-2013/stratifizierte-pharmakotherapie-was-heute-schon-moeglich-ist
118 Ebd.
119 Donner, Susanne: „Wir müssen neu klären, was Brust-

krebs überhaupt ist", welt-online, 6.7.2017 https://www.welt.de/gesundheit/article166307500/Wir-muessen-neu-definieren-was-Brustkrebs-ueberhaupt-ist.html
120 Ebd.
121 Heinemann, Pia: Der sanfte Kampf gegen Krebs – ohne zerstörende Chemo, 21.9.2016, Gesundheit: Neue Therapien, in: welt-online whttps://www.welt.de/gesundheit/article158205044/Der-sanfte-Kampf-gegen-Krebs-ohne-zerstoerende-Chemo.html
122 Ebd.
123 Vgl. Genexpressionstest, wikipedia
124 Brustkrebsstudie ADAPT, 9.3.2014, in: gesundheitsstadt berlin, https://www.gcsundheitsstadt-berlin.de/genexpressionstests-therapie-bei-brustkrebs-oft-unnoetigchemot-3322/
125 Kassen zahlen erstmalig Genexpressionstests bei Brustkrebs in der ASV, Pressemitteilung vom 25.8.2016, in: Bundesverband Deutscher Pathologen, https://www.pathologie.de/aktuelles/bdp-pressemitteilungen/bv-pressemitteilungen-detailansicht/?tx_ttnews%5Btt_news%5D=1266&cHash=bc4ece149a0318ecc734885ad8cbe4fe
126 Wie kann Komplementärmedizin bei Krebs helfen? Newsletter 2/2014, in: Bayerische Krebsgesellschaft, Interview mit PD Dr. med. Jutta Hübner, http://www.bayerische-krebsgesellschaft.de/index.php?cid=724
127 https://www.aerzteblatt.de/archiv/160970/Patientensicherheit-Fatale-Beratung-bei-Brustkrebs, 2014
128 Manzke, Mareike: Wenn dich die Trauer um den Verstand bringt, 8.11.2015, Psychologie, www.welt.de
129 Vgl. ebd.
130 Schnurr, Eva Maria: Trauer – ein unzeitgemäßes Gefühl, 2012 in: www.spiegel.de

131 Vgl. Manzke, Mareike, a.a.O.
132 Ders., ebd.
133 Ders., ebd.
134 Wall, Kathleen; Ferguson, Gary: Rituale für Lebenskrisen, S. 204. München: Heyne 1999
135 Menasse, Robert: Die Zerstörung der Welt als Wille und Vorstellung. Frankfurt a.M.: Suhrkamp 2006
136 http://www.trauernetz.de/ und http://www.katholisch.de/aktuelles/dossiers/trauer-was-hilft-und-was-tut-gut
137 www.trauer-therapie.de/